職業会計人の使命と責任

飯塚 毅

秋山庄太郎 撮影　平成5年7月 茅ヶ崎宅にて

序にかえて

ドイツ税理士法第五七条第二項には、次のような条文が書かれている。「税理士及び税務代理士は、その職業、あるいはその職業の外観と一致しないようないかなる活動もしてはならない。」(Steuerberater und Steuerbevollmächtigte haben sich jeder Tätigkeit zu enthalten, die mit ihrem Beruf oder mit dem Ansehen des Berufs nicht vereinbar ist.) と。

貴方はこれを読んだときに、どう考えるだろうか。

「ドイツの税理士法はやけに厳しいな。日本の税理士法には、こういう禁止規定はない。とすると、日本ではやっても良い、ということかな。」と。貴方は此処でちょっと迷われる筈である。この迷うということが大切なのである。実は、貴方はTKCに入られて、日本の一流の職業会計人として活動して行こうとするときに、日本の法律、特に職業関係の法律が一種の「法律の不足状態」にある、ということに気がつかれる筈なのである。その通りなんです。日本は文明国の一つとして、法治国だといわれています。法治国の刑法には、罪刑法定主義(Nulla poena sine lege)が支配しています。従って、類推禁止の原則（Analogieverbot）が働いております。同様に税法の領域では租税法律主義(Gesetzmäßigkeit der Besteuerung. Keine Steuer ohne Gesetz. nullum tributum sine lege）が支配しているので、刑法において類推禁止の原則が働くのと同じように、税法においても類推禁止の原則が働くのです。それは刑法も税法も、共に、行為主体の自由意思に反して、国家意思を発動し得るという法律制度が措定された、当然の帰結として存在するからです。税理士法には、他の行政法と同様に、類推禁止の原則は働きません。ＴＫＣ入会を契機としてこれから大発展の道を辿ろうとしている職業会計人は、この点をしっかりと把握して、誤り無きを期して頂きたいと念願します。

税理士法第四五条には、「真正の事実」という文言が出てきます。そこには、税理士は、常に「真正の事実」に基づいてその業務を遂行すべきである、という定言的命題が隠されております。そんなことは当たり前だから書かないのだ、というかも知れません。私は、そういう当たり前なことを、当たり前のこととして、できる限り、法の定言的命題として、書くべきだと考えます。それが法律条文を読む者に対する立法者の親切というものだろう、と考えるからです。

この選集は、ＴＫＣ会報の巻頭言の中から、新規に入会して来られた職業会計人の参考として、お読み頂きたいと考えたものを集めたものです。そこにはＴＫＣ会員会計人に対する私の祈りが込められております。また、職業会計人としての私の実践を偽り無く書き込んでおります。人生がただ一度しか無いもの、と思いましたので、その感懐を込めて綴ったものです。この選集が職業会計人の生活を、祈りと共に送ろうとしている方々に捧げられたものと理解して下されば幸いです。

平成七年三月吉日

飯塚　毅

TKC会報 巻頭言選集

職業会計人の使命と責任

目次

第一章　職業会計人の独立性と責任

第二章　職業会計人の使命と巡回監査

第三章　職業会計人の職域防衛と運命打開

第四章　職業会計人の心と洞察力

参考資料

第一章

職業会計人の独立性と責任

職業会計人の独立性について

はじめに

ＴＫＣ金融保証㈱の設立の日が近づき、いろいろな意味で、職業会計人の独立性の問題が、問われてきていますので、会員各位の参考になれば幸いだがと思いつつ、この問題を取り上げます。

まず脚下照顧の必要あり

我が国の職業会計人には、言葉の正しい意味で、公認会計士・計理士・税理士の三種類があるわけですが、それらの職種に関する法令の中のいずれにも、独立性という文字が端的に使われている事例はありません。独立性とは何か、が実は歴史的には問題でありますが、それは後回しと致しましょう。まず税理士法は、税理士に対し、「中正な立場において」(注)（第一条）業務を遂行すべきことを「税理士の使命及び職責」（第四九条第二項）だとしていますから、言葉は違いますが、独立性の堅持を強く要求していることは間違いないと判断されます。しかし税理士会には、税理士の独立性への指向及びその重視の姿勢は殆ど無いように見受けられます（東京税理士会会則・紀律規則、参照）。なぜかなら、これら会則や規則のどこにも、独立性に関する規定が見当らないからであります。このことは、税理士の運命形成上、重大な意味をもっていると考えられます。税理士が本気で、社会公共から信頼と尊敬とを受けたいと願うなら、この問題に関する会則や紀律規則をもっとしっかり充実していくべきではないでしょうか。

次に公認会計士法は、独立性の問題については、その概念規定と表示とを避け、実質的にそれを確保しようとの着想からだろうと思いますが、業務の制限条項（第二四・二五条）という中で、「業務の公正を確保するため」とか「利害関係を有するか否か、……明示しなければならない」とかと、踏み込んだ形で規定しており、更にその施行令は「著しい利害関係」の態様について、個人の場合では九項目、監査法人の場合には六項目を掲げており（第七・八条）証取法上の監査については、それらとは別個に監査証明省令第二条が「特別の利害関係」について、個人と監査法人とに分けて規定を設けております。さらに大蔵省企業会計審議会（会長はＴＫＣ最高顧問の黒澤清先生）の制定に係る監査基準も、その第一、一般基準の一及び二において「特別の利害関係のない者」とか「常に公正不偏の態度を保持」とか称して、現在的意味での独立性の確立を要請しております。それらを受けて、日本公認会計士協会の紀律規則は、「独立の立場」（第八条）とか「不羈独立の立場を堅持し」（第一一条）とかと規定して、独立性の概念を、文言として正面から打ち出す態度を取っております。

申すまでもなく、税理士法第二条と公認会計士法第二条とはその規定の対象領域を異にしており、一見して両者は隣接領域でありながら、明確に一線を画しているように思われます。しかし実質的には、昭和四十年三月の法人税法・所得税法の大改正の結果、税理士は正真正銘の職業会計人となった（法人税法第二二条第四項・所得税法施行規則第五七条・税理士法第四六条第一項後段、参照）のでありますから、当然すぎる問題として、相互の業務領域には、重複の関係が適法に現存する次第であります。然るところ、何となく社会的には、税理士と公認会計士とでは、その値打ちが違うような錯覚を生んでおります。思うにこれは、試験制度の問題もありましょうが、職業上の独立性に関する集団的自己規制の厳しさの、社会的な反射ではないか、とふと思うのであります。同じ職業会計人であっても、税理士よりは公認会計士のほうが、集団としての自己規律の厳しさ（その裏側には誇り）をもっている、という事実関係が、社会的評価の相違を生んでいるのではないか、と思うのであります。現に、世界の会計人の社会的地位の変遷を歴史的に調べてみますと、その集団の自己規制といいますか、倫理規定が厳格化するに比例して、その社会的地位が向上している、との紛れもない事実が判明するのであります。

アメリカ会計人の場合

紙面の関係で、例をアメリカの公認会計士にしぼって申しますと、一九七六年七月一日現在の米国公認会計士協会（ＡＩＣＰＡ）の出版に係る『倫理規定・同施行規則』は約二〇〇ページを超す膨大なものであります。おそらく現在の大方の日本会計人がこれを読まれたら、驚倒する他はないのではないでしょうか。まず「概念規定」だけの問題として、独立性に関して特に第五二章に一九カ条を設け、さらに独立性の実践基準に関して第一〇〇章として一一五カ条の行動基準を定めているのであります。驚く他はない厳格さと精密さであります。この倫理規定が、今日の米国の公認会計士の社会的権威を支えている大黒柱でなくて何でしょう。もちろん、米国の職業会計人も初めから、こういう超高度の倫理規定や社会的権威に支えられていたわけではありません。

米国会計人の指導者として、闘志溢れる活動家として、全米に広く認められていたカーヌル・モンゴメリー先生（『監査論』のモンゴメリーと同人）は、六四歳の時期、職業生活四五年の後、一九三七年の引退声明の中で、大胆率直に発言し「会計業務は急速に発展を遂げつつあるが、大多数の会計人は、狭い見識しかもっていない」と断言的にいい切り、さらに「五〇年前の米国では、職業会計人は殆ど知られず、殆ど認められず、殆ど需要されもしなかった」と回顧し、「職業会計人に依頼することは、企業の財務について詐欺か不正か欠損か疑惑がある証拠だろうと認められおそれられたものだ」と語り、さらに次のようにいっています。"As late as 30 to 40 years ago many investigations by public accountants were made secretly, often at night and on Sundays."「三〇～四〇年前までは、職業会計人による調査の多くは、秘密裡に、屢々夜間や日曜日に行われていたものだった」と（前ＡＩＣＰＡ副会長 J.L.Carey 著、"The Rise of the Accounting Profession"第二巻四ページ参照）。現状とは天地雲泥の感があり、まさに温故知新（『論語』）の必要を痛感するところでありましょう。

さて会計人の独立性でありますが、前掲書はその第二巻第八章で一七五～二〇三ページにわたって詳細に歴史的経過を述べています。もっとも前掲書は一九七〇年の出版であり、現行の独立性に関する倫理規定は一九七三年三月一日から発効とされていますので、内容にはかなりのずれがあります。発生史論的には、会計人の独立性とは、単に社外の人による会計の検査を実施することとされ、それ以上のものではありませんでした。この段階が数十年間続いています。公認会計士制度の出現後も、独立性の概念は何か複雑で捉えどころのない用語でしたが、徐々に職業会計人の廉潔性、正直さ、客観的立場に立つこと、などを意味するようになりました。別言すれば、心の姿勢、性格の問題だとされてきたのです。ですから、業界の指導者達も同業会計人に向い、関与先の考えに屈従するな、屈従すれば貴方は単なる帳面屋、計算の正確さだけをチェックする計算業者になり下がってしまうぞ、との警告を続けるだけでした。

それが一九三三年の証券法成立の前年あたりから、一部の会計人によって、独立性の問題をいい加減にしておいたのでは社会公共の充分な信頼を勝ち得られないのではないか、との声が上げられ、一九三三年には協会の倫理委員会議長から、関与先の役員就任の禁止、財務的な利害関係保持の禁止についての規定追加の提案がなされましたが、そんな規定は不要だと多数決で否決されています。会計人の独立性について、外見上の独立性（The “Appearance” of Independence）と事実としての独立性（Independence “in Fact”）とに大別して、詳細な規定が作られるようになったきっかけは、ＳＥＣ（米国の証券取引委員会）が施行規則を制定し、独立性喪失の要件として、役員就任や実質的な財務上の利害関係を有することを定めたことにあります。残念ながら、官庁指導型であったため、この点では米国会計人は、初期的段階では、西ドイツ会計人に遅れをとったといえそうです。

さて、日本会計人の在り方は

第一に日本公認会計士協会は、現行の紀律規則の見直しを行い、米国の協会の倫理規定・同施行規則の水準と同格又はそれ以上のものを策定する必要があると考えますが如何でしょう。公認会計士試験の水準は、明らかに日本の方が高いと認められますのに、業界全体の倫理水準や専門家としての行動基準が、明らかに米国に劣ると認められるのは何としたことでしょう。因みにＡＩＣＰＡ制定の『職業専門家としての行動基準書』"Professional Standards"はNo.1～No.3まで約二、〇〇〇ページ余の分量であり、その条項違反は懲戒の対象となる大変なものです。アメリカの公認会計士は、もうそこまで進んでいるわけであります。

第二に日本の税理士会ですが、まず会員税理士に対して、税理士が法的に正しい意味での職業会計人なのだ、との事実認識のＰＲが欠落している感があり、これを浸透せしめる必要があると考えます。次に現行の税理士法は、前述のように、税理士の独立性について、別な文言を用いて規定しているのでありますから、会則や紀律規則に、これを堂々と取り入れる態度が緊要だと考えます。なお公認会計士と税理士とでは業務の主眼とするところが異なりますから、税理士の場合には、外見上の独立性はさして問題ではなく、事実としての独立性が遙かに重大だと考えられます。なお、この論理を貫きますと「税理士業務により継続的な報酬を受けている場合」（公認会計士法施行令第七条第一項第六号・第八条第一項第五号）を「著しい利害関係がある場合」と定めているのは税理士に対する甚だしい侮辱規定であり、削除を要求していくべきでしょう。なぜかならば、施行令第七条第八条は、税理士業務の独立性を否定する論理を内包しており、税理士を内密の脱税ほう助者として法的に暗に位置づけている結果となっているからであります。

最後にＴＫＣ金融保証㈱と会計人の独立性問題ですが、上場会社に対する融資保証業務はいたしませんので、事実としての独立性が保持されれば充分だと心得ます。一九六六年に全米一万五、〇〇〇の銀行の連合会長の提唱により、米国会計人と銀行との連携関係が成立し、爾来一一年を経過。米国の銀行は会計事務所の選別強化と取引先の斡旋、融資実施に当っては会計事務所の意見で決定するとの関係が定着してきました。ＴＫＣ会計人は、事実としての独立性堅持という厳しい条件を自らに課し、業容の拡大と社会的地位の圧倒的高揚とを、同時に達成するよう期待されているのです。

（ＴＫＣ会報　一九七七年七月号）

（注）この文言は、昭和五十五年の税理士法改正により、現行の「独立した公正な立場において」と改められた。詳しくは本書二一一頁を参照のこと。

再び、職業会計人の独立性について

はじめに

最近私の職員某が税理士試験に合格したので自宅に呼び、次の二点について注意を与えたことがある。その第一点は、日本では税理士試験とか公認会計士試験に合格すると、とたんに一人前の職業会計人になったと錯覚してしまう風潮があるが、国際的にみると、こういう錯覚は通用しないのだから注意してほしい。例えば、日本のこの種の試験の科目には職業法規さえも入っていない。税理士についていえば税理士法第四一条には事件簿の記載義務が法定されているが、記載事項の一部省略とか虚偽記載の部分があったときは法第六三条によって罰金刑という刑罰が課されることになっている。言い換えれば前科一犯となってしまうのだ。ところが、日本の多数の税理士は税理士法そのものも、ろくに読んでいないので、事件簿の完全記載をやってはいない。こんな風だから、恐らく税務官庁の勤務者は、表面的には兎も角、心中では税理士を軽蔑し切っている筈だ。君は、この意味で、四〇歳ぐらいまでは、ガメツく実力を身につける点に全力を傾注すべきなのだよ、と。

そして第二点としていった事は、多数の税理士は、本質思考に馴れていないので、税理士法第一条の「中正の立場(注)」という用語は曖昧な文言だから、これを削除せよ、という主張に同調している。中正の立場という用語が、実は、税理士の社会的権威を守ろうとする大切な国家意思の表示なのであって、これを取り払われたら、税理士の権威は地に落ちてしまうのだ。これを理解しようとしない馬鹿者が税理士には実に多い。「中正の立場」というのは一口にいえば独立性の堅持ということだ。法令に基づく租税正義を綿密に実現してゆく為には、税務署ベッタリでは勿論なく、納税者ベッタリでもいけない、中立・厳正・独立の姿勢を堅持していかねばならぬ。この道は大変な道なのだ。例えば君に、関与先が少なく、この関与先に離れられたら、俺は餓死する他はないという時、その関与先から内密に脱税処理の依頼を受けたとする。君は敢然として相手を説得し、応じないときには断固解約するだけの気骨をもっているか。自分や妻子の餓死の危険をかけて、君は自分の職業専門家としての権威を守る決意が持てるか。持てそうもないなら、開業など考えるな。私は開業三二年弱になるが、初めは悲しかったよ。初期的には税理士は、脱税ほう助の道をとるか、餓死の道を選ぶか、という悩みに常に立たされるのだ。私は、泣きながら、餓死の道を選ぶ態度を一貫してきた。それが今日の栄光を作ったのだ。関与先は、私を絶対に信用している。先生は、一ミリの嘘もつかない人だと、な。税理士というのは、本来、国家の財政需要を正しく充足しつつ、正当な納税者の権利も断固守ってゆくという、実に崇高な職業なのだ。どうだね、君にはこの独立性の貫徹について、確乎たる信念がもてそうかね。ざっと、こんな風な話だった。彼は驚いた顔をして帰っていった。

税理士の独立性堅持は税理士の唯一の活路だ

日本公認会計士協会会員の一部には、税理士は職業会計人ではなく、従って、巡回監査という用語を使うのは不当である、との論をなす者がいると聞く。こういう無知不見識の徒輩は、どんな社会にも少し位はいるものなのだから、気にも止める必要はあるまい。われわれは、法規的にも実体論的にも、税理士を正規の職業会計人として位置づけているので、この立場で、税理士の独立性を考える。

また最近、国際的な活躍をしている著名な日本の経営コンサルタントが、「税理士の三割は、町のダニであり、彼らはお客を恫喝しながら飯を喰っている、いわゆるマッチ・ポンプだ」といったと聞いたが、われわれがTKC会員として迎え入れようとする税理士とは、品質と階層が違うのだから、これらも問題とはすまい。日本人は国際比較論的には、無原則性を有する民族とされ、融通性を特徴とし、生き馬の目を抜くような、すばしこさをもつとされているが、法網をくぐることを、へとも思わない輩は、お互い気をつけて、会員とはさせない着眼が大切だと思う。少数の不心得者の存在によって、数千名の会員諸公が、大躍進を前にして、一様に汚名を被せられるのは堪えられないからだ。

少々長い前置きだったが、以上を踏まえて職業会計人の独立性を改めて問題として、会員諸公に訴えたい。かの高名な、米国のリトルトン教授の弟子マウツ（R. K. Mautz）には、会計人必読の名著とも申すべき、『監査の哲学』"The Philosophy of Auditing"がある。彼はこの二五〇ページにも満たない著書中の二八ページを、独立性の問題に費している。しかもその冒頭で一九五二年版のCPA Handbook第一三章に書かれたE. B. Wilcox氏の文章を引用している。全文は長すぎるので、氏は「独立性はそもそも本質的な監査基準なのである」と断定しながら、次の如く述べている。"He must fulfill this obligation even when it means opposing and denying the wishes of those who have employed him, and who, he knows, may cease to do so. It is a requirement unparalleled in any other field."「彼（職業会計人）は、たとえ、それが彼に委嘱した人々の意思に抵抗することになり、また否定することになり、そしてその人々が、彼に委嘱することを止めるだろうことが分かっていても、その時でも、この義務（独立性堅持の義務）を充たさなければならない。それは他の如何なる職業領域においても、比べるものがない要件なのである」と。会員諸公は、この文章によって、職業会計人の独立性というものが、世の中の一切の自由職業のなかで、比類のない崇高さと威厳とをもつものであることを、理解されることと思う。この峻厳な独立性こそは、職業会計人の、涙に裏付けられた生き甲斐なのである。生き甲斐とは、苛烈な自己規制を乗り越えたところで与えられる人生の冥利だ、と知るべきであろう。

マウツは引き続いて、一九六〇年五月号の"The Journal of Accountancy"（米国公認会計士協会機関誌）に載った Carman Blough 氏の論文を引用している。一九七三年三月一日から有効とされている、米国公認会計士協会制定の『倫理規定』中の、独立性に関する厖大な条項中の第五二章第一〇条に規定する、事実上の独立性"independence in fact"と外見的独立性"appearance of independence"との用語法が、このCarman Blough氏の論文中にズバリ出てくるので、この用語法のルーツは、意外な歴史性をもっているなと感心する次第である。なお、これは重要なので、特に強調しておきたいと思うが、同章の第一一条によれば、経営助言サービス"management advisory services"と税務事務"tax practice"とは外見的独立性の阻害要因ではない、との明文規定が存在することである。同条は然し、給付するサービス形態の如何に拘わらず、会計人ができる限り関与先との間の外見的な独立性の阻害要因を避けることが望ましい、と規定し、更に、如何なる事態においても会計人は、委嘱契約の全領域において、自己の専門家としての判断内容を、他人に従属させてはならず、意見の表明は、正直かつ客観的に行われねばならない、としている点に注意を払う必要があろう。この点で、米国公認会計士協会の『職業専門家としての行動基準書』は、TKC会計人の行動基準書と偶然にも軌を一にしている、ということができる。マウツは更に、独立性の概念を"Practitioner-independence"「実務家としての独立性」と、"Profession-independence"「職業専門家としての独立性」という区分を設けて詳細な論議を展開している（The Philosophy of Auditing. P.205以下）が、ここでは紙面の関係で紹介を割愛させていただくこととする。

違反者の処罰規定の問題

米国公認会計士協会制定の『職業専門家としての行動基準書』第二巻四、三八一ページには、第九二章として「規則の適用可能性」と題する一章があり、その第一条では、当協会の倫理綱領の拘束力の源泉は協会の施行規則にあると宣明し、協会内の査問委員会（Trial Board）が本人の弁明を聴取した後、施行規則や行動基準書の何れかの条項を侵犯し有責と判定された会員に対しては、戒告する(admonish)か、会員権の一時停止をする(suspend)か、または、除名する(expel)ことが出来ることとなっている。この処罰条項は、対外的に公衆の信頼獲得の保証処置として、絶対に必要と判断され設けられたものである。いくら立派な旗を掲げて見せても、その履行を保証する仕組みが用意されていなければ、公衆は信用しない。このちゃんと割り切った合理主義が、公衆からの信頼と尊敬とを繋ぎ止めているのであって、それが無ければ、所詮、基準書は、世を欺くための手立てとなってしまう。ＴＫＣ会員諸公には、この点を本気で熟考して頂きたい。せっかく、全国の総務委員の諸先生が、総力をあげて作って下さった行動基準書でも、それが何らの実効性もなく、何の保証処置も無いのであれば、所詮は画にかいた餅と同一視され、却って公衆の失笑を買うに至ることは明白だ。ＴＫＣ会計人は羊頭を掲げて狗肉を売る、詐欺師の集団だと見られてしまうだろう。これを防いで、一挙に税理士の生き延びる途を切り開こうとすれば、苛烈な自己規制を、公衆の面前でちゃんとやって見せなければなるまい。かかる処罰権限の源泉を確保するため、会員諸公からは、行動基準書の厳守と、その明らかな侵犯（故意かつ著しい場合に限られる）の場合の処罰に関する認諾書を求めなければなるまい。人生の栄光と真の生き甲斐とは、苛烈な自己規制実践の彼方にしか無いものと、確信するが故である。

（ＴＫＣ会報　一九七八年一月号）

（注）この文言は、昭和五十五年の税理士法改正により、現行の「独立した公正な立場において」と改められた。
詳しくは本書二一頁を参照のこと。

三たび、職業会計人の独立性について

はじめに

職業会計人は、自由業に従事する者として、独立性をもっていなければならない、ということは、我が国の会計人には、まだあまり、浸透していない理念のように思われます。それは、何よりも、我が国の法制が、弁護士法や、税理士法や、公認会計士法のいずれにも、従来、長い間、独立性を宣明し、主張し、義務化する条文をもっていなかった点に由来しているのではないか、と考えられます。我が国の税理士法第一条には、やっと、昭和五十五年になって、「独立の」という文言が入れられたわけですが、それも、税理士法にだけであり、弁護士法や公認会計士法にはまだ入れられておらず、税理士にとっても、まだ法改正が行われたばかりで、その真の意味は、なかなか、理解され実践されていない状況だ、といえるのではないでしょうか。

独立性というものが、職業法規の中に、とり入れられていない点の弊害というものが、まだ、我が国では、法案の立案当局によって、正確には、理解されていない段階にあるのではなかろうか、と思われます。職業会計人の隣接業界である弁護士業界においても、ときどき、依頼者ベッタリの姿勢をとり、鷺《さぎ》を烏《からす》だと主張して恥じないお方を見かけますが、これが税理士や公認会計士の世界になると、それは、ちょっと露骨になり、証拠を残さずに脱税の手伝いをしてやれる会計人が、腕のある会計人だ、という観念がまだ残っており、この姿勢と理解が、実は逆に銀行をはじめ世間一般から、その権威を余り高くかわれない結果を作っている事実には、気付いていないように思われます。一部商品生産の領域では、世界のトップのようにいわれている最近の日本も、自由業の領域では、発展途上国なみ、またはそれ以下の現況にあることを、厳しく反省して、職業会計人の社会的地位を、せめて、米独なみとするよう、われわれ職業会計人は、努力してゆく責任がある、と思うのですが、いかがでしょう。

ドイツ・アメリカの法制はどうか

西ドイツの税理士法は、その第五七条に、「職業上の一般義務」（Allgemeine Berufspflichten）

との標題のもとに、最初に、「独立の」(unabhängig) という文言が出て参ります。西ドイツの公認会計士法も、その第四三条で、「職業上の一般義務」と題して、最初に「独立の」という文言を使っています。

西ドイツの弁護士法は、その第一条で、「法の領域における弁護士の地位」(Stellung des Rechtsanwalts in der Rechtspflege) と題して「弁護士は、法の領域における独立の機関である」(Der Rechtsanwalt ist ein unabhängiges Organ der Rechtspflege.) と宣言いたしております。

アメリカでは、ご承知のように、米国公認会計士協会 (AICPA) が制定した『職業専門家としての行動基準書』(Professional Standards) というものがあり、その最新版は、一九八〇年(昭和五十五年)六月一日現在のものであります。その第二巻四、三九一ページ以下に、独立性を規定した条文があります。それは施行規則を含んでいますが、第一〇一条から第一九一条までであり、条文やページ数は、若干、飛んでおりますが、とにかく、条文だけで四、四五〇ページまであるのですから、相当の分量であることをご理解頂けるでしょう。申すまでもなく、米国公認会計士協会としては、会計士の独立性というものを、一番大切な徳目としていることが、うかがわれます。米国の会計人に対する独立性を要求した法律には、一九三三年法(証券法と呼ばれるもの)の第七条及び付表A、一九三四年法(証券取引法のこと)の第一二条と一三条、及び一九四〇年法(投資会社及び投資助言者法のこと)の第三〇条があります。それらは何れも、証券取引委員会 (SEC) に規則制定権を委任しております。この規則制定権の法律による委任が、米国会計人の実力と地位とを飛躍的に高めた主因でありますが、日本の官僚は、その余りの職権独占欲の強さの故に、米国会計人の水準への到達を阻んでいることを気付かないようです。が、それはとにかく、財務諸表の形式と内容並びに付属明細書の要件について定めた規則が「規則　S—X」(Regulation S—X)といわれるものでありますが、会計人の独立性を定めたものは「規則　二—〇一」(Rule 2—01.)であり、現行のものは一九七二年、昭和四十七年に改訂されたものであります。この「規則　二—〇一」は「会計人の資質条件」(Qualifications of Accountants)という標題をつけていますが、この独立性というものが、会計人の使用人の資質条件でもあるのだ、と規定され実施されたのは一九七三年、昭和四十八年一月一日からのことであります。その資質条件規定の全文を、いまここで紹介申し上げる紙面の余裕はありませんが、お調べになりたい方は『証取委・会計実践と手続』ルイス・ラッパポート著、第三版の第二六章一八ページ(SEC・Accounting Practice and Procedure, By Louis H. Rappaport. Third Edition)に全文が載っていますから、参照してみて下さい。

その急所は何か

米国の公認会計士協会や証取委の、会計人の独立性に関する文章は、膨大な分量になりますので、紙面の都合もあって、ここでは、その要約文さえも、紹介できないほどですが、その急所を取り出していえば、どういうことか。それは、理解することは、さほど難しくはありません。しかし、その実践については、若干の反省と軌道修正とを、日本会計人に迫るものがあります。

勿論、会計人が税務官庁の下請や手先であってはならないことは、独立性の当然の条件ですから、いうを待ちません。問題は関与先との関係にあります。職業会計人の発生史論的な原点は、関与先経営者の親身の相談相手たる点にあったことは、モンゴメリー先生が、つとに指摘してくれたところですが、その親身の相談相手たることの中身が問題なんです。

いろんないい方があります。「自分の判断を、他人に従属させてはならない」（AICPA前掲書四四二一ページ）。「関与先に対して、何らかの直接的な財務上の利害、または何らかの間接的な財務上の利害をもつ者は、独立性ありとは見ない」（前掲規則　二―〇一）。「事実としての独立性とは、心の状態をいう。会計人は関与先と、どんなに近しくなっても独立性を保持しなければならない」（一九五二年版『CPAハンドブック』第五章一七ページ）。「証取委の前委員長はいった。会計人は常に次の二点を自問せよ。一、自分は経営の助言者に止まり、経営の意思決定領域には踏み込んでいないか。二、自分の行っている監査は、自分自身の利益の検査を含んではいないか」（証取委、前掲書二六章一二ページ）。「会計人は、一般に認められた監査の基準に従わねばならない」（AICPA前掲書四四一四ページ）。

以上は、大まかな、簡約した独立性の紹介でした。会計人は、関与先とどんなに近しくなっても、一歩離れた専門家としてのクールな眼をもたねばならない。それを失ったとき、彼または彼女は、会計人ではなくなるのです。

（TKC会報　一九八一年三月号）

租税正義

弁護士の使命規定と税理士の使命規定

弁護士法の第一条には基本的人権の擁護と社会正義の実現とが弁護士の使命だと書いてある。これに対して、税理士法の第一条には、独立した公正な立場において、と、まずその立場を限定しながら、申告納税制度の理念に沿って、と、さらに限定を加えつつ、納税義務の適正な実現を図ることを使命とする、と書いてある。この条文が旧税理士法第一条と特に変わったところは、①「中正な立場において」との文言が「独立した公正な立場において」との文言に取って替わったこと、と、②「申告納税制度の理念に沿って」との文言が新たに加えられたこと、である。この①の中正の立場が削除されたのは、昭和五十四年春の大蔵省の福田幸弘審議官（後の国税庁長官）と筆者との国会議員諸公（自民党）の面前における公開討論の結果実現したものであったことは再三指摘したから、今さら申すまでもないことだが、②の「申告納税制度の理念に沿って」との文言が重大な過ちを犯したものであった点については、わが国の数ある税法学者も、積極的には取り上げておられないように思えるので、今回取り上げてみることとする。

筆者は税理士法第一条の「申告納税制度の理念」というものが一体何を意味しているのか、本当のところよくわからない。当て推量で言わせていただくなら、「所得については所得者ご本人が一番よく知っているのだから、そのご本人が計算して申告すべきが当然だ、という判断の上に成り立っている納税制度である」というものだろう。つまり日本の納税者は、全体として善良な市民なのであり、放っておいても、悪いことなどはしない人たちである、という種類の考え方の上に立っている納税制度だということ、それを一種の理念として捉えているので、「申告納税制度の理念に沿って」と法文として表示したのだ、ということだろう。筆者は、この考え方は二つの重大な過ちを犯しているもの、と考える。第一は国民の性善説である。立法に当たって、国民の性質を性善だとか、性悪だとか、と一方に片寄せて決めてかかるのはどうかと思う。国民は全体として見れば普通の人たちだと言えよう。普通の人たちというのは神様でもなければ悪魔でもない。状況によっては神様のようにも振る舞うし、悪魔のようにもなり得る存在である。税法学でよくいう「疑わしきは国庫の為に」(in dubio pro fisco) という解釈原理は「疑わしきは納税者のために」(in dubio contra fiscal) という解釈原理と同様に間違っている、というのが現在の世界の通説となっている (Dr. Klaus Tipke, Steuerrecht 参照) のである。わたしはこの通説を正しいものと信じている。

第二は申告納税制度そのものの本質が、どこかでゆがめられたと認められる点である。常識的に言えば、日本の申告納税制度が確立したのは、一九四九年 (昭和二十四年) 八月二十七日付のシャウプ勧告が出されて以後のことに属する。それまでは、日本の納税制度は賦課課税制度だったのである。カール・S・シャウプ＝コロンビア大学商学部教授兼政治学部大学院教授を団長とする税制使節団（the Tax Mission）が連合国最高司令官（the Supreme Commander for the Allied Powers）の要請によって編成され、一九四九年四月から九月の間に随時日本に到着し日本から立ち去ったのであるが、筆者は、当時のシャウプ使節団日本税制報告書（Report on Japanese Taxation By The Shoup Mission）の原本の全四巻を連合軍総司令部（GHQ）から入手して、現在これを持っている。

筆者がもっとも注目しているのは、この報告書の序文にある次の文章である。「ここにわれわれが勧告しているのは、租税制度であって、相互に関連のない多くの別個の措置ではない」（What we are recommending here is a tax system, not a number of isolated measures having no connection with one another.）と言っている点である。シャウプ先生たちの狙いは租税制度そのものの改革に鋭く的を絞っていたのである。そして次のような駄目押しさえも行っているのである。すなわち、「もし重要な勧告事項の一部が排除されるとすれば、他の部分は、その結果価値を減じ、場合によっては有害のものとなろう」(If any of the major recommendations are eliminated, some of the others will thereby become of less value, or even harmful.）と。

では、申告納税制度については、シャウプ使節団の見解はどうだったのか。シャウプ勧告書の第四巻の四頁には「2　申告納税」（2. Self-assessment）としてその定義を付して、次のように述べている。「ある納税者の所得を算定するに必要な資料が自発的に提出されることを申告納税という」(The necessary voluntary submission of the data required to measure a taxpayer's income is called self-assessment.)。すなわち、所得計算に必要な資料の自発的提出のことを申告納税と呼んでいるのであって、自分が一番よく知っている自分の所得を、自分が計算して申告することを申告納税といっている、のではないのである。所得税法第一二〇条は、この点の区別に焦点を当てたと認められる表現を取っていないので、両者の区別はあまり鮮明ではないが、法文の文字面《もじづら》からすれば、シャウプ勧告の線からはかなりずれていると感じるのだが、どうであろうか。

貴方はどう考えられるだろうか。

ペレルマン氏の六原則について

去る六月三日の衆議院予算委員会における参考人意見として、筆者は、世界一と自他ともに認めているドイツの税法学者クラウス・ティプケ博士の『租税正義』という名の著作を取り上げたのである。博士がその『租税正義』の一一頁のところで、ペレルマン氏の租税正義の六原則を引用して論じており、筆者はその中の第一原則とされる平等(公平)の原則を取り上げ、現行の消費税法は益税部分を認めているので、その限りで公平性というか、平等性を欠いており、租税正義には反するものだと論じたのである。割り当て時間が少なく、何しろ二十分と制限されていたので、

充分には論じられなかった次第である。そこでこの機会を拝借して六原則を直訳してみれば、
その一番目が、
「とにかくすべての人に平等（公平）であるの原則」(Jedem das Gleiche)、
二番目が、
「とにかくすべての人に、利得に応じての原則」(Jedem nach seinen Verdiensten)、
三番目が、
「とにかくすべての人に、その働きに応じての原則」(Jedem nach seinen Werken)、
四番目が、
「とにかくすべての人に、その必要に応じての原則」(Jedem nach seinen Bedürfnissen)、
五番目が、
「とにかくすべての人に、その地位（階層）に応じての原則」(Jedem nach seinen Rang)、
六番目が、
「とにかくすべての人に、原則に従って配分されたものに応じての原則」(Jedem nach dem ihm durch Gesetz Zugeteilten)、
七番目が、ティプケ博士が、これらに追加すべきだとする原則として、
「とにかくすべての人に、能力に応じて(可能性に応じて)の原則」(Jedem nach seinen Fähigkeiten 〈nach seinen Möglichkeiten〉)ということになる。

ここまで書いてきたところで、TKC会員のN氏からの質問があった。N氏の話によれば、彼が監査をしている会社が土地の交換取引を行ったのだが、この交換取引は売り主と買い主の間に、ともに金銭の授受がなく、したがって差益金は一円もないので等価交換取引ということになる。法人もN氏もこの取引について法人税法第五〇条の規定にしたがって、交換取得資産の時価と交換譲渡資産の簿価及びその譲渡経費の額の合計額との差額を損金経理により圧縮損を計上した。ところがその後の税務調査においてこの交換取引は、両資産の客観的時価が二割以上の差額があると思われるので、法人税法第五〇条の等価交換の場合の課税の特例の規定は適用がなく修正申告をしてほしいと言われたということである。聞けば両資産の時価は公示価格等を参考にする限りでは二割を少し超える価格差が計算されるということのようだ。しかし会社の社長はそれにも拘わらず取得資産の将来性や使い勝手等を考えて等価交換に踏み切ったのであるが、その間の事情をうまく、あるいは数字的に税務署の担当官に説明することが難しかったようである。

法人税法においては資産の交換は譲渡の一形態であるとみている。それは償却資産の規定ではあるが、資産の取得価額は取得のときにおけるその資産の取得のために通常要する価額と規定している(法令第五四条①七)。土地の場合も同様に解される。しかしこの規定以前の問題として利得のないところに課税は生じない(前掲第二原則)。そのために法人税法第五〇条の規定を設けたものであって、特例とされているが、むしろこちらの方が原則である。もちろん明らかに相手方に資産を無償で贈与する行為を隠匿するため、明らかに価額差のある資産につき等価交換という形式をとることは許されない。土地の価額が客観的に一物一価でないとは世間の常識である。当事者の経済的評価が等価であると判断する以上、課税当局は明らかにその評価が意図的なもので不当であるという立証のない限り、当事者の判断に介入すべきではない。

租税正義を貫く姿勢は、大切な姿勢である。それは職業会計人の貞操とも申すべき姿勢であって、これなくしては職業会計人の価値はゼロ以下となってしまう筋合いのものである。この場合の前提条件は、法を正しく解釈するという態度の堅持である。

そこで問題となるのは類推の禁止（Analogieverbot）ということである。ベルリン大学の法哲学教授シュタムラーの『正法の理論』（Die Lehre von dem Richtigen Rechte）を持ち出すまでもなく、税法と刑法の領域では類推は禁止されているのであって、主観的着色は許されないのである。これが現代法の鉄則なのである。いやしくも職業会計人たる者は、租税正義の理念に奉仕すべき者であって、それを逸脱するようでは、この職業に従事する値打ちはないのである。世の中が激動の嵐に吹かれる状況になってくると、その嵐に便乗して王道を踏み外す者が出てくると思われるが、嵐が吹く吹かないに関せず職業会計人は厳然として、己が分を守り、堂々と生きて行かなければならぬ。些少のことでも己の本質を裏切り、生きて地獄に落ちる愚を犯してはならないのである。

税務官吏は神様ではない。人間である。したがって、N氏の相談のとおりであれば、所轄税務署からの更正通知は不可避かも知れない。そうなったら、堂々と異議申立てをすべきである。もし、それが棄却されたときは、これまた堂々と審査請求書を提出すべきである。審査請求が棄却されたときは、さらに堂々と訴訟に持ち込むべきである。租税正義の貫徹のためには、下手な妥協や工作は慎むべきである。『飯塚事件』がこじれたのは、飯塚税理士から出された訴訟に、国税当局が感情的に反応したからである。国家機関は感情に支配されてはならないのである。N氏の相談事項は、当事者双方に利得が無かったことを示していた。それの否認行為は租税正義の第二原則に違反することとなるのである。

（TKC会報　一九九四年八月号）

租税正義は誰が守るのか

はじめに

日本の租税正義は誰が守るのか。筆者は当然に、それは税理士だ、と答えたい。しかし現実には、非第一次産業に従事の五一一万事業体（昭四七年、内閣統計局発表）の約四分の一弱しか税理士は受託していない。しかも租税正義実現の場は、徐々に荒廃の一途を辿るように見える。いったい、どうしたら良いのか。

荒廃の傾向は企業の大小を問わない

先日ある銀行の支店長が拙宅にみえて「お取引を頂いていますので、お名前は申し上げられませんが、私の店にきた経営者の方がこういっていました。〈本当は年間で約一、〇〇〇万円の儲けがあるんですが、民商に入っているお蔭で、毎年、赤字で通っているんです〉と。民商のお蔭っての は物凄いものなんですねえ、私は芯《しん》から驚きました」と感嘆の呟きを残して帰ったのです。

数年前のことですが、筆者は大学時代の恩師の推薦で、某一流化学製品会社の顧問に就任することになり、社長さんを除く全重役と恩師とを交えた昼食会に招待されました。席上、取締役経理部長が「わが社は輸入原料のプラスアルファーの操作で、社長個人用のアンダーテーブルの資金を三、〇〇〇万円ばかり作ったんですが、その経理の隠し方をお教え願いたい」と切り出したのです。単細胞の筆者は、満座の中で大声一喝し、顧問の就任を拒否しました。会食はしらけ切って、恩師は話の継ぎ穂に悪戦苦闘。帰路「私の顔をつぶした」と恩師からひどく叱られたことがあります。

以上僅か二つの事例ですが「田園まさに蕪《あ》れなんとす」（陶淵明）の想いが、筆者には急切であります。①経営者の国家社会に対する責任感は稀薄化しつつあり、国家存立の基礎は、段々怪しくなりつつある。②徴税の任に当る官僚は、保身を第一とし、国家のためを第二とする心理に変る気配をもつ。③政治家は選挙民に媚を売る姿勢を強め、国民生活の公正と正義の実現のための立法施策に身体を張る者が減ってきている。④徴税当局は、いずれかといえば、税理士の業績には厳しく、民商等の非職業会計人集団に対しては、摩擦を懼れ効率を考えてか、見て見ぬ振りの傾向がある。⑤社会正義の実現（弁護士法第一条）を使命とする弁護士諸君は、なぜか余り青色申告をやっていないという。では、いったい誰が、我が国の租税正義を守ってゆくのか。

租税正義の護持者は税理士しかないのだ

昭和五十一年という税理士の正念場の年を迎えて、筆者はしみじみ、こう思います。誰が何といおうと、税法に関する専門家は税理士だけだ。徴税官僚は、山のような仕事を抱え、人員不足で手が廻らない。とすれば結局、国民の租税正義の護持は、税理士が自ら、その責任の衝に当ることを鮮明にしていかねばならない。だが、そのためには、税理士は数々の障害を突破する見識と勇気を要する。

まず第一に、税理士は自分の収支計算について純潔無類でなければいけない。天地に恥じるところ一点も無し、という生活でなくて、どうして他人に向って租税正義を説けよう。第二に税理士は勇気の人でなければならない。

西ドイツの税理士法では「受託拒絶の通知」"Mitteilung der Ablehnung eines Auftrags"（第二七条）が税理士の義務条項に取り入れられている。勇気とは畏れの無い心だと知ろう。さて第三に税理士は、当局が無審査でパスさせざるを得ないところまで、自分の業務水準を高めなければならない。第四に税理士会の綱紀監察部が税理士の責任事項（特に税理士法第四五・四六条）に正しく眼を向けてくれるよう軌道修正を求めよう。第五には民商等に攪乱されている税理士の独占業務の範囲の明確化を法の欠陥是正の問題として、法改正一般と切り離して、闘い取ろう。第六は白色申告制度の抹殺。第七は脱税の時効期間の独・仏なみの伸長。第八は全国五〇六万の中小企業を、税理士が奮起協力して、その指導体制下に組み込んで、租税正義の実現は税理士の双肩にかかるとの社会的実績を作ろう。そのためには税理士は、大急ぎで電算機による武装を遂げる他はない。

税理士の活路は、国民の中で尊敬される租税正義の護持者に徹してゆく方向にしか無いのだ。こう考えている次第であります。

（ＴＫＣ会報　一九七六年二月号）

ＴＫＣ会計人の基礎条件

はじめに

先日、筆者の自宅に、自民党の某参議院議員が来訪され、用談の末にこういいました。「私は自分でも中小企業の経営をやっているんですが、担当の税理士は年に一回、決算期に二、三日やってきて、ちょこちょこと決算書を作って提出するだけで、毎月なんにもやってくれない。ただ毎月三万円の顧問料を集金にくるだけ。だからお蔭で年がら年中、お先まっ暗の手さぐり経営ですよ。今月になったら、前月末までの帳簿や経営管理の資料を示して、指導や解説をやってくれるわけじゃない。これじゃあ、今の中小企業はたまったもんじゃない。私は、こんな税理士や公認会計士は、全部いなくなっちゃったってよい、とまで思ってるんですよ」と。筆者は「いや実は、事ほど左様に、いまの日本の職業会計人には、堕落している者が多いのです。しかし、ＴＫＣ会計人は絶対に違います。お試し下さい」、そう回答する外はありませんでした。

ところでＴＫＣ会計人の第一条件は何か

それは毎月確実に顧問先に対し巡回監査を実施していることです。これを怠っている会員は、形式上は兎も角、実質上の会員ではありません。会計における真正の事実（税理士法第四五条第一項）の確証行為を怠る者は、職業会計人の責任を放棄する者だからです。米国の公認会計士協会（ＡＩＣＰＡ）の倫理綱領第五条には、巡回監査(field auditing)を欠いている会計人は懲戒処分とする定めがあります。西ドイツではもっと厳しく、税理士の自己責任性(Eigenverantwortlichkeit)が明文化されており（同税理士法第二二・二四条）、違反者は会から職業裁判による処罰（Die berufsgerichtliche Bestrafung）を受けます（同法第四六条第一項）。日本では税理士会に懲戒権がなく、単に会に対して違反者の氏名事実を国税庁長官に報告する義務を課しているだけです（税理士法第四九条の一二第二項）。報告の実績は全くないようで、ここに堕落の真の根源があると考えられます。

ＴＫＣ会計人の第二条件は何か

それは自利利他。自利とは利他をいう（最澄）との人生至高の哲理に目醒め、これを職業生活上で徹底して実践することです。これを断行してみると、自分の職業生活上の運命の軌跡が徐々に転換し始め、大発展に連なって参ります。多くの会計人が発展せず、足踏みを続けているのは、自利・打算を心中の起動因子としてこの観念の拘束から脱却できないでいるからです。時代は低成長時代。中小企業者は生存に目の色を変えています。この時に会計人が本来幻影にすぎない自我意識を脱却できず、利他に徹することができないで、どうして信頼と尊敬とを一身に集める指導者となれましょう。採算に心を奪われて、単にＴＫＣ財務三表を提供するだけではもはや顧問先の期待感の充足はできません。毎月の損益分岐点の推移、安全性・成長性等の分析、全科目にわたる予算との比較、資金運用管理の巧拙に関する助言指導資料の供給は、最低限不可欠のものだと決心して実行すべきであります。

ＴＫＣ会計人の第三条件は何か

それはＴＫＣ全国会が会員会計人の血縁的集団であることに目醒め、孤立化に陥らないことです。会員中孤立化の途を辿る者には見るべき発展がありません。自我中心の意識と狭い経験と情報の中にとじこもる自分を許す態度が孤立化を促進します。世界に類を見ない会員のための全国会厚生制度の存在すら知らない会員家族が多くいます。ＴＫＣ企業防衛制度という名の大同生命の保険は日本は勿論、世界にも類がないものです。今回設立が決まったＴＫＣ金融保証株式会社は、資本金五〇億円で発足の予定ですが、これは中小企業の真の救済を狙い、信用保証協会の補完機能を果たすものとして、ＴＫＣ会員が自分の責任で救済すべき企業と然らざるものとを峻別し、会員の判一つで自由に金融保証を断行し、危機に立つ中小企業を倒産から守り、中小企業の健全性を防衛してゆく目的のものです。これは現在西ドイツに一例があるだけ。会計人が金融保証能力を持ったとき、その権威とともに独立性問題がクローズアップされてきます。それに目下立案中のＴＫＣ会計人損害賠償責任保険の制度があります。会計人は惰性的な孤立性から果敢に脱出し、その運命の打開と転換に、自ら一翼を担う覚悟と実践とが要請されているのです。

（ＴＫＣ会報　一九七六年六月号）

第二章

職業会計人の使命と巡回監査

格差の類型（一）

現在の私の最大の悩みは、ＴＫＣ会員相互間の発展の格差が著しいという点です。さて、この格差の原因は、ということになると、またその多様性に嘆息を禁じ得ないのです。

弁護士が社会正義の実現をその使命とする（弁護士法第一条）と同様に、税理士は租税正義の実現をその使命とすべきものだ、と私は信じているのですが（もっとも税理士法には何も書いてありませんが）、どうも、こういう使命感で自分の実践を貫いている税理士というのは、現状では少数派に属しているような気がしてならないのです。「なにを偉そうなことといってんだい。所詮は、商売じゃないか。儲からなきゃ駄目なのさ」という呟きを心底で繰り返しながら、知らず識らず使命感の実践からは遠のいてしまっている先生方が、かなりおられるのではないでしょうか。私には、税理士の使命感の存否が、格差を生む源泉中の第一に位するのではないか、と思われるのです。いかがでしょう。

また、先生方の中には、ＴＫＣに加入してはみたが、どうもそのシステムが、自分の個人的嗜好に合わないので、積極性が持てないでいるというお方も、おられるようです。つまり提供される帳表の表示様式その他が、自分独自の希望条件を具備していないので、どうにも積極的になれないというお方です。実はこの点は、電算機利用に成功するかどうかの基本的なパターンにも関係してくるので重大なのです。ＴＫＣとは関係ないのですが、市中一般の計算センターを直接利用している企業の在り方を凝視してご覧になると、企業の個性を強調し、パッケージ・システムを嫌い、常にテーラー・システムを要求し続けているという企業は、概ね失敗していることが分ります。逆に、企業側の個性的条件を出来る限り捨てるようにして、まず、供給されるパッケージを企業内に消化してしまおうという態度を基本とするものは、概して成功しています。それは、利用するものの側の基本的態度そのものが、実は成功するかしないかの分岐点を形成する素因となっていることを物語っているわけですね。ＴＫＣの会計人の中にも、この前者のタイプの先生がおられます。謙虚に学び消化しようとする前に、まず、自分のエゴを突き出してきて譲らないのですから、苦笑して傍観するより他はなくなります。これが格差の第二原因だと思います。

次に、ＴＫＣの会員の中には、テキストを殆ど読んでいない、という方がおられます。そして「やり方がよく分らない」とか「お蔭がない」という苦情だけを繰り返して叫びます。苦笑を禁じ得ません。禅の言葉に「露堂々」というのがありますが、飯塚は、会計人としての自分の実践の全てを、素っ裸になって、会員会計人に全部ご覧に入れることを基本方針としていますが、テキストを読んで下さらないのでは、閉口します。手の施しようがないんですよ。格差原因の第三が、ここらにもあると思うのです。

（ＴＫＣ会報　一九七二年十二月号）

格差の類型（二）

ＴＫＣ会員相互間の発展の格差原因について、前号で、私はその中の三種を指摘したのですが、実は、そんなものじゃなく、もっとあるのです。分説してみましょう。

電算機会計を、自分の事務所の社会的アクセサリーとして位置づけている先生がいるのです。この種の先生は、関与先中の一〇～二〇％を電算機化するにとどめていて、事務処理の体制は二重三重構造となっており、従って合理化のメリットは全然出て来ない形となっています。そのくせ、収益の増大がないと、ぼやいているのです。虚栄のための電算機会計と申せましょう。これは、先生の基本的な態度が、どこかで歪んじゃっているのですね。これが第四のスタイルです。

歪んでいるといえば、こういう会員先生もおられます。事務所拡大発展のイロハに属しますが、ご自分の社会一般に与えているイメージの貧困さにどうしても気がつかない、という先生方です。先生の事務所の現状は先生が過去において社会に与え続けて来たイメージの集約結果に過ぎないのだ、という事実を浅薄に受け流していて、事務所の期待する拡大発展がないのは、電算機会計のせいだ、と歪んで判断してしまっているのです。こういう先生の歪みは、相当な頑固さとも同居しているので、ご本人にわかっていただくのに非常に苦労をさせられます。苦笑を禁じ得ないわけです。これが第五のスタイルでしょう。

また、ＴＫＣに加入して、半年たっても、一年たっても、関与先を一社も電算機に乗せられない、という先生がおられます。例の御用聞きスタイルの先生ですね。業界の会合などでは結構肩を張っていらっしゃるんですが、こと関与先に関すると、途端に腰が低くなっちゃって、相手の鼻息をうかがう姿勢で、事務所経営に当たっていらっしゃるんですね。背景に信念の欠落があるんですよ。ですからこういうタイプの先生は、職業観や人生観の練り直しが本来は必要なんですね。しかしこれも、内心の消息に関しますだけに、改革は容易ではありません。これが格差原因の第六スタイルでしょう。

更に、ＴＫＣには加入したが、筆者の申し上げていることを真に受けずに、一週二点改善を全然やっていない、という先生がおられます。飯塚はあんなことをいっているが、本当は裏があるんだろう、と独りで決めこんじゃっていて、ご自分の事務所の在り方に関しては、改善のメスを全く振るわない、という先生方です。これでは駄目なのが当然なんですね。電算機会計は、日本的風土の中では、事務所の体質改善と同時併行的に実施しなければ絶対といってよい位、成功しないんです。我が国の税理士業務は、全部監査の効率的実施体制を前提としない限り成功しない、のが鉄則ですよ。なぜってそこに日本的税制の特異体質があるからなんです。

（ＴＫＣ会報　一九七三年一月号）

税理士業の二律背反性

「ＴＫＣ会報」第三号巻頭言の末尾で、（編集部注・本文四〇ページ）私は、我が国の税理士業務は、全部監査の効率的実施体制の確立を前提としない限り、成功しないのが鉄則であること、なぜなら、そこに日本的税制の特異体質があるからだ、ということを述べました。この点を、もっと突っ込んで考えてみましょう。

私は今年（編集部注・昭和四十八年）で開業二十七年になりますが、開業当初の五～六年間は、税理士業継続への疑問と悩みの走馬燈の中で暮らしました。おそらく、高遠な理想と情熱とを抱いて、この道に入られた方には、「果たして税理士業が男子一生の業務とするに値するか」、「俺は人生のコースを間違えたのではないか」、「この道に俺の生き甲斐はあり得るのか」といった疑問と苦悩とにさいなまれた経験をお持ちと思います。それは企業規模の大小を問わず、日本の経営者の大部分が税理士に対し、脱税をほう助し偽装し、ないし看過する願望を根強く抱いており、税理士は生活がかかる自由契約の建前から、国家の税法に忠ならんと欲すれば顧客に孝ならず、顧客に忠ならんと欲すれば税法に孝ならず、まさに二律背反の苦悶の中に立つ観があるからでした。

私の無知は、これが日本の風土だけに特有のものとは気付かず、この点を知ったのは比較税法学に突入した後のことだったのでした。日本の税理士を泣かしている元凶は、脱税の短期時効制度そのものに在ったのでした。会計法第三〇条、国税通則法第七二条は、共に租税債権の五ヵ年間での消滅時効を定めています。無申告と脱税について、こんな短い消滅時効制度をもっている国は、世界の先進文明国中には一ヵ国も見当りません。これがどれほど国民の納税意識を毒しているかは、測り知れません。国民の租税に関する義務感の曖昧さ、時に卑劣さは、もろに税理士の顔面上に吹きつけられて、日本会計人の懲戒件数世界第一位の汚名実績を作らせています。

脱税や無申告に時効の恩典を与えない国があります。それは、米国（一九五四年内国歳入法第六五〇一条）、英国（一九五二年所得税法第四七条）、印度（一九二二年所得税法第三四条第三項）、メキシコ（財政法第五七条）など。また時効制度はあるが、その期間が日本の二倍もある国には、例えば、西ドイツの一〇年（RAO・第三九六条）、フランスも一〇年（一九六三年法律第六三—一三一六号第一八条）です。北欧のスウェーデンでも六年（更正処分法第一一五条）であり、イタリアでさえ実質は六年（一九五六年法律第五号第六条）となっています。

何とかごまかして五年間もぐれれば、何百億の脱税でも時効で許される。いったい政府はかかる税法によって、どんな国益を期待しているのか。悪法も法なりとすれば、こういう悪法下での税理士の活路はどれか。激しい思案の果てに、私は税理士の二律背反性の突破口は、巡回監査による全部監査の効率的な実施体制しか無い、との結論に達したのでした。

（TKC会報　一九七三年四月号）

巡回監査の発想

開業（編集部注・昭和二十一年四月一日）の当時、そして税理士業に疑問と苦悩とを感じながら明け暮れている頃、私はひそかに同業会計人の生態を観察していました。そして同業の諸先輩が、地方の大御所といわれる先生も含めて、次の諸点を共有していることを知りました。

その第一点は、毎月厳格な巡回監査体制を敷いてやってはいない。第二点は、記帳と決算書及び申告書作成の請負と立会に忙殺されている。第三点は、税理士業の悲しむべき二律背反性については、税務官吏との親交関係の形成の中にその突破口を求めている。第四点は、諸先生必ずしも身辺が清廉潔白ではないので、税務署には特に従属的態度を取らざるを得ない。

そこで考えました。もし俺がこれらの諸点を共有するなら、俺の人生は、沈香もたかず屁もひらず、平々凡々の会計人で終ろう。俺も一箇の男子として、この道に生き甲斐を求めるなら、革命断行の他はない、と。

毎月厳格な巡回監査を実施しないでよい条件は何だろう。少なくとも三つある。第一は、関与先が現場で作成する会計資料について、処理に関する税法会計学上の諸基準を熟知していること（現行法でいえば、法人税法第二二条第四項、所得税法施行規則第五七条の如き）。第二は、その熟知する内容を正確に実行する意思をもっていること（これは殆ど期待できない）。第三には、企業の内部統制が確立していること、以上である。この内の一つでも欠けていれば、関与先の会計資料は、誤処理、不正処理、脱漏の穴だらけだと見てよかろう。では、わが関与先でこの三条件を完全に備えた企業はあるか。残念ながら一社も無い。とすれば、巡回監査の不実施は、イコール、会計資料の不備不正を承知の上で、税理士業を営むことを意味し、明らかに専門家としての義務（税理士法第四五条第二項）に抵触して違法だ。

税理士が業務の根底に違法を内包していたのでは、いざ鎌倉のときには、陳弁して逃げ廻る他あるまい。税理士事務所を不死身のものとするのが先決問題だ。弁護士と違って税理士は大量のデータを対象とする。然し、そこには税法会計学の各種規範に支えられた定型性がある。これを国際的事例に従って、リスト化して、職員の能力練成度に応じて、レベルアップしていけばよい。これによる巡回監査を綿密厳格に断行すれば、第一点の革命となり、第三点は解消する筈だ。立会は要らなくなる。事務所の金庫には、所長は絶対触らないこととすれば、第四点は何でもない。

公認会計士は重要性の原則（公認会計士法第三〇条第二項）によって救われているが、税理士にはこれが無い。だから税理士にとって唯一無二の成功の条件は、全部監査（試査ではなく）の効率的実施体制が作れたかどうかに係る。他の問題は機械による迅速処理が出来る領域だ。二十三年前、かくして私は巡回監査の体制作りに驀進しました。後は、職員練成の問題しか無かったのです。

（TKC会報　一九七三年五月号）

なぜ事務所が発展しないか（一）

私の所へは、ときどき、ＴＫＣの会員会計人が来訪されて、なぜ私の事務所は発展しないんでしょう、という質問をぶっつけて参ります。よくお話を承ってみますと、事情や状況は各人まちまちですが、不思議とそういう方々には共通点があることが分ります。それは、どの方も、自分というものについて、誠に無責任な限定を加えている、という一点であります。

私には自信が無いんです。私って勇気がない男なんです。私には不安がつきまとっているんです。果たしてうまくゆくものかどうか、確信が持てないんです。私って根は臆病なんですね。私って口下手なんです。私にはそういう実践力が無いんですね。私にはこうしか出来ないんですよ。私って、こういう男なんですよ。万一を考えると怖くてやれないんですよ。私って、本当は、駄目な男なんです。次々と、口を衝いて出て来る言葉は、驚くほど無責任な自己限定の言葉です。

そのたびに私は、長嘆息します。「いやあ、驚きますな、貴方はよくもまあ、自分自身について、そういう身勝手な限定ができますねえ。私は勿体なくて、そういう無責任な自己限定は出来ませんねえ」客人は、私からそう言われますと、一瞬、キョトーンとした顔をして、私を見つめるようになります。そこで私は、相手の理解を確かめながら、説明を始めるのです。こんな風に……。

ご承知のように人生は一回こっきりでしょう。その中で、貴方は、会計人の道を選ばれたんだ。

やる以上は、電算機を武器として、思いっきり業務を伸ばして、晩年対策も盤石だ、というところまで、持ってゆくべきでしょう。然し、先ず考えて頂きたい事は、職業会計人は、お客さんが無くちゃあ、どんなに学力があったとしても成り立ちませんわね。そして重大なことは、現在の貴方の事務所の規模と名声とは、今までに貴方が、世間の人にどんなイメージを与え続けて来たかという事実の集約結果に過ぎないんだ、という事をしっかりつかむことですよ。貴方の主観的願望とは無関係に、貴方は、会計人としての貴方のイメージを、どう世間に与えて来ていたのかという点を、出来るだけ主観を離れて、冷酷に批判してみてご覧なさい。そうしてみると貴方のイメージの与え方が、いろいろな点で欠陥や不足があった事に気付くでしょう。それを詳細にリストアップしてご覧なさい。一〇項目以下だったら落第だと、自分で採点して下さい。通常二〇項目ぐらいはあるものです。そして、その各々に、その打開策が二ないし三項目ぐらいありますから、それも、リストアップして下さい。それを断行するんですよ。

その時に邪魔になるのが、自分に対する無責任な自己限定のクセなんです。例えば、不安感を例にとりましょう。貴方は、実行の前に常に不安感を強く抱くクセを持っているとしましょう。貴方は、その不安感が、何処から来て、何処へ去るのか、見きわめてみたことがありますか。恐怖感だって同じです。何処から来て、何処へ去るのでしょう。こんな簡単なことさえ、貴方は、解決せずに放置して、不安感や恐怖感の囚になってきていませんか。そんな事は、既に三千年も前のヴェーダ哲学や、二千五百年も前の釈迦によって解決ずみなんですよ。結論を先に言いましょう。来る処も無く、去る処もない、のです。貴方の本心の幻影に過ぎないんですよ。貴方が、お母さんのお腹から「おぎゃあ」と生れた時に授かってきた貴方の本心、それは無限定的なものであり、それを人は無心と呼び、或いは仏心と呼び、最澄や空海は一心と呼んだんです。その無限定的なるものが、真の貴方の実践主体です。それに貴方は、勝手に限定を加えて、身動きできない奇形的な自我の映像を観念の中で作り上げて、俺ってこういうんだ、と尊い主体性に対して限定を加えて、求めて不自由になっているだけなんですよ。ここを直さなきゃあ、大発展は期待できませんねえ、と。

（ＴＫＣ会報　一九七四年五月号）

なぜ事務所が発展しないか（二）

前号で（編集部注・本文四五ページ）私は、事務所が発展しない原因の最たるものとして、所長先生自身が無責任な自己限定に落ち込んでいる点を指摘しました。これからの脱出が根本問題であるとしました。そして次に、自分が会計人として社会に与えてきたイメージを願望を離れて冷酷に批判分析し、打開策のリストを作って断行すべきことを述べました。以上が最も重大な方策ですが、幸いなことに、それらの実践には原価は一円もかかりません。

これらを踏まえた上で、次の重大なステップが巡回監査体制の確立です。なぜ重大なのかといえば、会計人の責任は、会計資料における真実性の追求、税理士法でいえば「真正の事実」（法第四五条第一項）に立脚する業務処理を根幹として達成されるからです。大多数の会計人は、法定監査の専業者を除いて、この点をガラリと忘れて、毎月の巡回監査をサボッています。自ら会計人たるの責任を放棄して、しかも、会計人としての生存権だけを主張しようとしています。この欠陥を突いて、断固是正すれば良いのです。巡回監査体制を確立して、毎月必ず、関与先の会計資料作成の現場に出張して監査を実施する。このことは、日本という、一般会計人が堕落して責任を放棄している風土の中では、関与先に顕著な感銘と満足感とを与える結果を作ります。しかも電算機で迅速処理した帳簿を、キチンキチンと届けて、解説しながら実施するのですから、効果は巨大です。関与先はいつの間にか、先生の事務所の最高のセールスマンに変化します。事務所は申告是認率が急上昇し、関与先は急テンポで拡大してゆきます。もしこれで拡大がないようだったら、巡回監査の品質に欠陥があるものと考えて、その内容充実と品質向上に努めてみて下さい。ＴＫＣ会員のモデルと見做される方々は、一様に巡回監査を断行している方々である点を銘記していて欲しいと思います。

この体制を作ってみると、次に関与先啓蒙の武器が必要になります。そこでＴＫＣ出版の用品の活用問題が起こってきます。経営指導上の各種カセットテープ、スライド、事務所通信等を巧みに関与先に流してゆくことです。素直にＴＫＣの助言を受け容れている会員事務所は、それらの武器を全面的に活用していますから、拡大発展が加速度化されています。ＴＫＣ全国会の中で、既に年収が一億円を超えている事務所が一三軒も出たのは、こういう事情によります。私は、何とかして、日本全国に、年収一億円超の事務所を二〇〇軒は作りたいものだと考えています。決して、単なる夢物語ではないのです。充分に実現が可能だと踏んでいます。

しかし一面で私は、何とまあ本質思考能力を欠いた会計人が多いことか、と嘆いています。こんな分り切った論理が摑めないで、ＴＫＣに入会しても、巡回監査は行わず、「真正の事実」を踏まえる事に使命感をもたず、旧態依然たる業務の在り方を続けていて、ただお蔭がない、メリットがない、とわめいている方々も結構いるのです。そういう方々に限って、地域会の会合にも出ず、研修会にも参加せず、テキストも碌に読まず、『飯塚毅会計事務所の管理文書』も紙屑扱いして活用せず、ただ閉鎖的な姿勢をつづけて、財布の中だけを見つめて佇立しているのです。こういう人々を仏教では無明の人または痴迷無知の人と呼んでいるようです。錯覚している自我の殻を破る契機がいつ訪れるか、が課題でしょう。

非常に面白い現象だなと思っていますことは、ＴＫＣ会員のうち、自利利他、自利とは利他をいう、との人生の哲理を、本気になって実践している人達が一番拡大発展が顕著な人達だという点です。全国的に、こういう傾向が出ています。結局は、人間の問題に帰着するようです。ＴＫＣが大本山妙心寺に会計人の研修道場を開設したのは、ここのところの打開に、的を絞っているからなのです。

（ＴＫＣ会報　一九七四年六月号）

消えゆく会計事務所と生き残る事務所と

はじめに

最近、ミニコン・オフコンから、パソコンなどというものまで現われて、気の早い職業会計人のなかには、会計人の前途を悲観的にみる風潮が出ています。われわれはいま、人類史上で未曾有の技術革新の激流の中に立っているのですから、そういう悲観的な見方をするのも、故なしとはしないものがあります。たしかに、人力車や荷車などはもうとっくに、街頭からは姿を消してしまいました。ダーウィンの進化論も、いまや反省期にあるほどで、かれの適者生存の理論が当てはまるかどうかは別としても、人力車や荷車などが、消えるべくして、消えて行ったのも事実でしょう。かつて、一九六二年(昭和三十七年)頃、アメリカで七、〇〇〇の銀行が、ほぼ一斉にその窓口で、中小企業に対する財務計算サービスを開始したので、これが全米の会計人業界に強烈な衝撃を与え、中小の会計事務所の消滅論が叫ばれ、米国公認会計士協会などは、慌てて国会への陳情運動を展開し、銀行による財務計算サービスの禁止立法を求める動きを見せたことがあります。当時、米国公認会計士協会(AICPA)の専務理事をやっておられたケアリー氏(John L. Carey)を訪ねて、半日を懇談に費した私は、ケアリー氏が、アメリカ会計人のコンピュータ会計に対する対応ののろさを、しきりと嘆いている姿をみて、よそごとではないぞと、身の引き締まる思いをしたことがあります。台風は一過して、アメリカ会計人の消滅は免れましたが、あれから、風雪すでに二〇年、時代の変転に感無量なるものを覚えます。

どういう会計事務所が消えてゆくのか

アメリカの銀行対会計人の抗争の中で、会計人が消滅の悲運を免れたのは、会計人の監査機能が見直されたからでした。会計事務所をバイパスして、即ち、会計人の監査を経ないで、直接に、銀行の窓口にデータを持参して財務計算をやって貰っても、信頼される財務諸表が出来ないことが、徐々に、判明してきたからでした。それは壮大な社会的実験でした。そして一九六六年には、全米銀行協会長が、銀行と会計人とのドッキングを史上初めて提唱し、それが機縁となって、相互の協議機関が設けられ、こんにちのような、銀行と会計人との密接な協力関係が構築されるに至ったのでした。それは、銀行側にも、会計人側にも、測り知れない利益を与えたのでした。そこには、銀行と会計人とに、相互の本質的機能の評価と、そのメリットの相互提供体制の構築があった、と申せましょう。

かかる関係の構築を狙いとして、ＴＫＣ金融保証㈱は設立されたわけですが、ここで会員各位に厳しく自覚していただきたい点は監査の重要性です。監査を重視し、月々の巡回監査を断行すること。これが、会計人が消えるか、生き残るか、の第一の分岐点だと、確信いたします。わが日本では、税理士が、一年間に二、三日、決算申告時に関与先に顔を出して、決算書をまとめ、申告書を調理するだけの状態を、法が許しており（税理士法第四五条）、かかる状態を懲戒処分の対象とはしていません。これは現税理士法の歴然たる欠陥です。それは法が、真正なる事実に立脚して業務を遂行すべきだとの定言的命題の法条を作らず、単に「故意に真正の事実に反し」たときだけを加罰の対象としたので「免れて恥なき」（『論語』）状態が生まれてしまった結果であります。

次に、巡回監査を、巡回照合の意味に捉えて、それだけを、ただただ繰り返している事務所が、消滅の第二陣だと申せましょう。それは監査の意味を、はき違えているのですから、消滅の道を辿るのは自業自得と申せましょう。監査は、会計記録の網羅性、真実性、実在性を確証することだ、と解されていますが、モンゴメリー（Robert H. Montgomery）が述べているように、それは企業の経営方針の健全性の吟味にまで及ぶべきものでしょう（第八版『監査論』一七ページ参照）。特に、高度成長期を過ぎた、現段階の経営にとっては、この点の監査機能が重大だ、と信じます。更に、会計記録の適時性監査も重要です。米国の税務会計の影響を幼児的に受けとめて、適時性問題を軽く見る会計人も、我が国にはおりますが、やはりこの点は、ドイツの税務会計が優れているので、現金取引は即日記帳（国税通則法第一四六条第一項）、振替取引は取引発生日の翌月末日までの記帳（所得税法施行規則第二九条）という法規が実在してこそ、会計記録の完全網羅性と真実性が確保され得るのですから、この方向で監査し指導すべきだと思います。

第三に、たとえ電算機会計を導入実践しているとしても、単に財務三表の提供だけにサービスを限定して、関与先が自社経営の良否判断の資料が入手ができない状態を放置しているのは、消滅の第三陣に属するものだ、と自戒していただきたいのです。経営者の大半はいま、どう生き残るか、に日夜苦慮しているはずです。とすれば、已れを経営者の立場において、自社経営の良質性判断の資料となる帳表は、十分すぎるほど、毎月定時に提供してやるべきでしょう。私の事務所では、どんな小さな関与先でも、毎月、財務五表を供給するのを、最低の許容基準としています。そして、経営者は、同一範囲の帳表提供を、我慢するのは二年が限度だ、との国際的な調査結果を踏まえて、一～二年間に一表の追加を原則として、サービスの高質化を図っています。こんなことは、生き残りのための、当り前の処置だと考えます。貴方に、そうではないと、いえますか。

そして第四に、ミニコン・オフコン対策ですが、まず、この点では、現在我が国には、七〇社前後のメーカーが、例の通りの、過当競争の泥試合を続けていますが、その殆どは、年間に二機種ぐらいは、市場に出してくるものと考えて下さい。昭和三十九年に、シャープが出した電卓第一号が一台で二六キログラム、五二万五、〇〇〇円だったのに、今では、名刺大で、値段も三～五、〇〇〇円となっている。この技術革新の速度の物凄さを、腹に納めて、態度を決めてゆくべきだ、と思います。明日を見ないで、今日の焦燥感からだけで、態度を決する人は、自分が、前古未曾有の、技術革新の激流の中に立っている事実を、知らない人だ、といえましょう。激烈な技術革新の時代には、昨日の投資は、今日はもう無価値になっている、との発見と、その痛恨とを、いや応なしになめさせられるものです。従って、結論的には、自分の事務所が、超大型の電算機を、わがものの如くに使い得る体制内にいるか、そして関与先のためのソフトウエア・システムは、際限ない形で利用可能の体制にあるか、が現段階での最高の判断基準であり、行動基準だといえましょう。

世の中には、判断を誤る人の方が多いので、成功者は常に少数です。このことを、深く深く考えましょう。

結論として申し上げたいこと

技術革新の速度が猛烈化しています。従って、問題発見能力と、問題の本質を捉える能力とを磨きに磨いておきましょう。鈴木大拙先生がいわれたように、人間は誰でも霊性を持っています。「霊光不昧」。この言葉は、耳が殆ど聞こえず、眼も殆ど見えず、正規の教育も受けずに、日本禅界最高の偉大な師家となった山本玄峰老師が書き残された教訓です。それさえあれば、生き残りには十分です。

（ＴＫＣ会報　一九八〇年十一月号）

巡回監査実施必然の論理

は じ め に

私が巡回監査の必要を認めて、その実施断行に踏み切ったのは、開業四年目に入った年、即ち昭和二十四年五月頃のことでした。当時の私の関与先は小法人が二社、個人事業が二十八軒しかありませんでした。子供たちを抱え、日夜、生活の苦しさに追われ、目の色を変えて、関与先と税務署と事務所の間を飛び回って、収入の増加に苦悶の日々を送っていた時代でした。当時私は、米国の会計学書をひもとき、フィールド・オーディット（Field Audit）即ち、往査の断行と、監査に当たってのチェックリストの開発とが決め手になるな、と感じていました。と同時に、同業者共通の弱点を衝くことが、事務所発展の最大の秘訣だと確信し始めていた頃でした。

私の狙いは、ズバリ当たりました。それからは、年間五十軒ないし八十軒のスピードで関与先が増え、みるみるうちに、関与先数は六〇〇社を超えました。その間、私は徐々に徐々に、職員の能力アップに努めました。そして、いまの第六段階の監査チェックリストを完成したのが昭和三十四年の夏でした。無理なく職員の能力を伸ばすためには、時間が必要でした。と同時に、一日も、税務官庁はもちろん、会社勤務の経験を持たない私は、徹底的な理論武装に、会計人としての活路を求める他はありませんでした。私の一年間の書籍購入予算が、福島大学経済学部の図書購入予算より多いと知らされたのは、その頃でした。今日でも私の書籍購入予算は、独協大学経済学部の図書購入予算よりは多いのだそうです（清水敏允教授談）。会計人は、税法と会計学の知識をベースとしながら、どこまで広大な見識と実践力とを身につけるかが、勝負どころだと、信ずるからです（A. C. Littleton, Essays on Accountancy, University of Illinois Press, 1961 五五五頁参照）。

巡回監査はなぜ絶対に必要なのか

税理士は真正の事実に準拠して業務を遂行すべき、法律上の責任を課せられています（税理士法第四五条第一項の反対解釈）。とすれば、その真正の事実は、どのような場合に担保されるのでしょうか。私は、その条件には少なくとも次の三つがあると考えます。第一条件は、企業の内部統制制度が完全に整備されていること。第二条件は、企業の会計事務担当者が、税務に関する会計処理について、高度の専門的知識を持っていること。第三条件は、企業の経営者やその他の幹部が、会計経理について、絶対に不正を行わないぞ、との強固な決意を有すること、以上です。すべての関与先企業に、以上の三条件が具備されている場合には、巡回監査は、まず、必要あるまい、と考えます。では、そういう三つの条件を、完全に近く具備している企業は、どの位あると考えますか。私の三十六年間の会計人生活の経験から申しますと、まず殆ど一％もない、と結論づけられます。それだけではありません。日本では、破産法第三七四条、第三七五条の場合を除いて、平常時には、不完全記帳、不実記帳の阻止を担保する刑罰規定がありません。これは、サミットを構成する先進国中、日本国だけがもっている法制上の最大欠陥の一つです。こういう諸困難の中で、税理士はどのようにして、自己の法的責任である「真正の事実」に準拠する業務ができるでしょうか。第一は、企業経営者の心に常にベルトを引っ掛けて、彼らを不正経理に走らせない工夫をこらすこと。第二は、関与先企業の現場に出かけて行って、会計処理の網羅性、真実性、実在性を確証してくること、以上です。そのためには、少なくともひと月に一回以上は、関与先を訪問して、経営者の心に果たして正しくベルトが掛かっているかどうか、会計処理に網羅性、真実性、実在性があるかどうかを確かめ、ときには厳然として警告を発すること、が絶対の条件となります。これが巡回監査です。これは米国のフィールド・オーディットの概念からヒントを得た私の造語です。

もし、この巡回監査をやらなかったらどうなるか。昭和元禄の国内的太平ムードに酔い、不完全記帳、不実記帳に対する刑罰規定をもたない、柔構造の国家体制に甘えがちな納税者は、綿密厳粛な租税正義実践への心構えを欠き、会計資料を会計事務所に届けるときには、証憑書類や記載金額について、その質と量との両面からの自家操作を加えがちなことは、眼に見えている、と申すべきであります。論より証拠、社会正義の実現をその使命とする弁護士諸公が（弁護士法第一条）、その全体の青色申告率はやっと二〇％ではありませんか。日本の代表的インテリ階級が、この程度の申告状況に在ることを、貴方はどうお考えになりますか。国家財政の重大さよりは、自家財政のほうが重大だと考える人が、この国では多いのと違いますか。だから税理士の使命と責任の達成のためには、巡回監査が論理必然の条件だ、ということになるのです。

アメリカの会計人はどうなのか

アメリカには、いま二十五万人ほどの公認会計士がいる、といわれます。しかし、公認会計士の業務に就いている者は約八万人。有資格者の約三分の一です。なぜでしょう。一言でいえば会計人の間の競争が激しいから、でしょう。しかし、それだけではない、と私は考えます。アメリカの公認会計士協会の幹部は、公認会計士の社会的地位の向上のためには、自分達の規律を、めっぽう厳格化する他はない、と気付いたようです。私の手許には、いま、一九八〇年六月一日現在で有効とされる『アメリカ公認会計士協会、職業専門家としての行動基準書』(AICPA : Professional Standards)全三巻があります。約四千ページぐらいある行動の基準書です。その第一巻第三一一〇条は往査の適時性を義務づけています。そして、その第二巻第九二条、四三八一頁には、次の規定が書かれています。"The Trial Board may, after a hearing, admonish, suspend, or expel a member who is found guilty of infringing any of the bylaws or any provisions of the Rules of Conduct."「査問委員会は、事情聴取の後、会員が、規則のいずれか、または、行動規範条項のいずれかを、侵犯したことに責任ありとされたときは、その会員を、戒告し、業務停止を命じ、または除名することができる」と。この膨大な行動基準書の遵守というハードルを越えなければ、業務に就いてはいられないのです。

西ドイツの税理士はどうなのか

西ドイツの税理士は約四万人。試験科目は凡そ八科目。生涯に三回までしか受験が許されないことは、先刻ご承知の通りです。私の手許にはゲーレ博士（Dr. Horst Gehre）の書いた一九八一年版の『税理士法解説書』（Steuerberatungsgesetz—Kommentar）があります。その法第五七条は、職業上の一般的義務を定めており、その第一項は誠実性（Gewissenhaftigkeit）を規定しています。その解説は二一七頁以下にありますが、要約すれば、税理士の誠実性には二面性があり、ドイツ民法第二七六条第一項の定める善管者の注意義務の他に、つまり、依頼者の利益を守る他に、「自己の良心の前に存在する、自己批判の上に立った監査行為」(einer selbstkritischen Prüfung vor seinen Gewissen bestehen）ができねばならぬとし、それは税法及び職業法規上の諸規範の遵守であり、簡記すればそれは私のいう巡回監査を含んでいるのであります。その義務侵犯者は第八九条以下に定める職業裁判権（Berufsgerichtsbarkeit）の対象者とされ、警告、譴責《けんせき》、二万ドイツマルク以下の罰金又は除籍（第九〇条）の処分を受けるのです。一流国の職業法規の厳格さが、一流の会計人を作るのだとは思いませんか。

（ＴＫＣ会報　一九八二年三月号）

あなたは、ホントに職業会計人だ、といえるか……

はじめに

日本経済新聞（昭和五十七年八月十七日）に今回、史上初めて、日本の税理士を二分して、優良な税理士は尊重し、劣悪な税理士はどしどし葬り去ってゆく旨の、国税庁の方針宣明のことが報じられておりました。この報道は、全国の税理士会の方がたに相当な衝撃を与えましたが、国税庁が、反復して、これを宣明しない限り、日毎にその衝撃波は消え去ってゆくものと思われます。開業満三十六年半の職業経験を踏まえて、筆者はこう思うからです。①国税庁の方針は、長官が代ればまた代る性質を有する。従って、せいぜい二年か三年も、頭を低くしていれば嵐は頭上を通り過ぎるさ、との高をくくった観念が一般化している事実。②われわれが所轄の税務署員と、陰に陽に築き上げてきた懇親の関係を、一朝一夕で否定し改革するなんて、絶対できっこないよ、との観念が一般化している事実。③さらに衆議院の佐藤一郎議員が筆者に直接語られた（八月二十八日午後三時）ように、「最近の税務官吏は、必ずしも国家を第一に考えるという態度を堅持していない」という風潮が存在している事実。以上三点の事実は、どうも否定できそうもない事実だと、筆者には映るのですが、貴方はどうお考えでしょうか。

そこで今回は、筆者を含めて、ホントの職業会計人だ、と自他ともに認められる会計人の評価基準は、いったい、どんなものだろうか、という基準条件を、ご一緒に考えてみたいと思います。先ず筆者からの提案。

第一条件――貴方は関与先経営者を断固叱れるか。

世に納税者擁護を念仏の如くに唱える税理士が多いことは分かっています。然し、納税者を断固として叱ることのできる税理士は、意外に少ないことも事実です。擁護の念仏は、この点では不純であり、不潔でさえあります。本当に納税者を愛してはいないからです。孔子は論語の中に「これを愛しては、これを労すること無からんや」という教訓を残しました。平たくいえば、「本当に愛しているんなら、厳しく鍛えろ」ということです。過保護は子供をスポイルします。子供に毒物を喰わせてはいけない。子供の将来に不為《ふため》になるようなことをさせてはならない、と普通の親は思うのと違いますか。もしそうなら、毒物を食べようとする子をたしなめ叱り、不為になることをしようとする子を叱りつけるのは、親として当然でしょう。同様に税理士は、納税者が間違ったことをやろうとするときは、解約通知を受けるのを覚悟の上で、断固として叱りこれを矯正する力を、愛を、もたねばなりません。それが税理士法第一条の「独立」の意味であり、マウツの「監査の哲学」が教えるところでしょう。

第二条件——毎月の巡回監査をキチッとやっているか。

若し貴方の事務所が、毎月一回以上、キチッと巡回監査をやっていないとしたら、貴方の事務所は「ゴミ箱行きの事務所だ」と判定されても止むを得ないでしょう。なぜかなら、税理士は解釈上「真正の事実」（税理士法第四五条）の探求を法的に義務づけられており、その探求をおろそかにする税理士は、税理士法が期待している税理士ではないからです。巡回監査をやらないでも良いと考えられる条件は三つあります。それは①企業の会計関係者が、一般に公正妥当と認められる会計処理の基準、又は、正規の簿記の諸原則を熟知しており、②それを正確に実行する意思と注意力とを持っており、そして③内部統制制度が行き届いていることです。この三条件は、殆どの企業が具備してはいません。そこに税理士が社会に存在すべき理由がある、と見てよいでしょう。

第三条件——巡回監査は往査であり、会計資料を会計事務所に持参させることではない点を実行しているか。

毎月の往査をサボッている事務所がいま圧倒的に多い、と筆者は見ています。それでも、懲戒処分は受けないから大丈夫、という判断が背後に在る、と思います。然し、会計資料を関与先に持参させることは、会計資料がその質と量との両面から、工作され、限定されることを黙認していることであって、これは税理士法第四五条の「真正の事実」の探求義務とは、相容れません。日本会計人は、言語的に国際社会で孤立している関係で、往査の絶対的必要性を知らない傾向があります。これは最大の弱点の一つです。

第四条件――巡回監査は監査であって照合ではないことを知り、かつ実践しているか。

伝票や帳簿の記載内容と証憑書類のそれとが一致しているのを確認すれば良い、というのは監査を知らない素人の判断で、その人は職業会計人ではありません。監査とは、第三者の立場から、会計記録の完全網羅性、真実性、実在性、適時性および整然明瞭性を確かめ、かつ、誤ちを訂正させ、正しい会計を指導することです。わが国の一部の学者が適時性を問題にしていないのは、学びて未だ至らざるもの、というべきです。この点では、日本の税法も甚だ不備であり、改正の必要があります。半年以上たっても、訂正記入の可能性がある点を、ミニコンのセールスポイントとしているメーカーもありますが、彼らは自社の利益のためには、税理士を堕落の沼に突き落としても良い、と考えている反国家的な存在だといえます。西ドイツでは、現金出納帳は、職業会計人による代替記帳が許されていません。日本では、先ず決算書を作り、次に遡って元帳その他の帳簿を作成する、との破天荒な現象すらも、相当あるのです。立法当局の怠慢と会計人の無知とが重複している領域だ、といえましょう。わが国の企業会計審議会が定めた「監査実施準則」

が「取引記録の監査手続」しか定めておらず、記録から漏れた取引に目を注いでいないのは、ミュンスター大学のレフソン（Ulrich Leffson）が指摘しているように監査可能性の間隙（eine Lücke in den Prüfungsmöglichkeiten）に目をつぶったものであり、なぜドイツで五十年近くも前から「完全性宣言書」（Vollständigkeitserklärung）が、会計士や税理士の監査で使われていたか、を知らない人達の作った貧弱な基準だと申せましょう。（Ulrich Leffson, Wirtschaftsprüfung, 1977. 二五一頁参照）。

第五条件――関与先の財産対策、安全対策、相続対策や非常時対策を業務の一環として位置づけているか。

法律事件が起きたときに、最適の弁護士を即座に斡旋できること。関与先の経営者の家族の一員となったつもりで、あらゆる角度からの安全対策、例えば、重要人物への十分な生命保険の契約指導、損害保険の契約の指導等、万全の処置を取っておいてやること。こういう親身の相談と指導とを常にやる態勢にいること。会計人の発生史論的な角度からは、これが重要な条件となります。会計学や税法を熟知していることは、左官が土をこねることを熟知しているように、当然の基礎的素養です。

第六条件——職業法規や税法等の改正運動に積極参加しているか。

イェーリングがその著『権利への闘争』の冒頭で述べたように、「法の目的は平和であり、それを手にする手段は闘争である」のであって、国家国民のために、より良い法律を作る闘争から自分だけ離れているのは、エゴイストの典型だと申せましょう。哀れむべき人生だ、と存じます。いかがですか。あなたが、ホントに職業会計人だといわれるためには、以上の六条件が最低限必要だとは、思われませんか。

（ＴＫＣ会報　一九八二年九月号）

電算機会計の法による規制の問題

問題の提起

私が怠慢で、かつ、無能なのかも知れませんが、私はまだ、わが国の法人税法第二二条第四項に定められている「一般に公正妥当と認められる会計処理の基準」という概念と、所得税法施行規則第五七条で定められている「正規の簿記の原則」という概念との、有権解釈規定の存在を知りません。もし、万一にも、これが無いとしたら、大蔵省当局は、いま重大な失態を犯している、と申せましょう。なぜかならば、それらの有権解釈規定が、全国の企業会計の品質を担保する性質を持つからであります。そして、日本は、米国に次いで、世界の二番目に位置する電算機の普及国であり、市中の計算センターだけでいまや千五百社を数え、オフコン・パソコンの普及は近々数十万台に及ぶだろうと、玄人筋からは見られているのに、企業の会計処理を電算機を媒体として実施する場合の、その会計の品質の是非に関する判断基準が、法の明文上では与えられておらず、単に、条理を媒介とする理論的判断にのみたよっている状況だからであります。大蔵省当局が、そのような低次元の認識段階にいる場合に、第一線の税務官吏に、この点に関する鋭角的な理解と認識とが在る、と期待するのは全く無理というものでしょう。とすれば、第一線の税務官吏には、電算機会計の品質の是非に関する区別がつかず、その結果としてこの財政危機の段階で、日本の会計制度の健全性は全く失われ、その悪質化が加速度的に進むという結論になるからであります。これは国家の、ひいては国民全体の一大事であります。ここに大きな問題があります。

外国はどうなっているのか

米国には「一般に承認された会計の諸原則」(Generally Accepted Accounting Principles) というものがあります。その詳細な内容は、米国公認会計士協会が策定した『職業専門家としての行動基準書』(Professional Standards) に書いてあります。その最新のものは、一九八〇年六月一日現在として出版された、第三巻七、二六一頁以下に掲載されていますが、その七、三二二頁には「細部の会計原則の包括的な権威あるリストは、ここでは、利用し得ない」と断わり書きをつけていますから、その内容の膨大精密さは、大体、想像できるでしょう。それが米国の社会通念上では、法規範性があるものとされております。

その法規範性は、一九三八年に、米国の証券取引委員会（SEC）が出した「会計連続通牒第四号」（Accounting Series Release No.4）が「実質上公権力の支持がある」（There is substantial authoritative support）との表現を含んでいるところに源泉があります。その文言を、一九六〇年代に入って、米国公認会計士協会が、自分たちの作った委員会の意見がそれに該当するのだ、との声明を出し、証取委がそれを否定しなかったので、法源性があるように理解されているわけです。もちろん、これには、ニューヨーク大学法学部教授のホーマー・クリプケ（Homer Kripke）によって、米国の証取委が会計士協会の財務会計基準委員会（FASB）に規則制定権を委譲しても良いとする、実定法上の明文がないではないか、との指摘がなされています（The SEC and Corporate Disclosure 1979. 一五二頁参照）。しかし、米国の一般大衆は、この「一般に承認された会計の諸原則」には法規範性がある、と理解しております。その諸原則中には、実定法への準拠性が明定されております。そこで、その実定法ですが、一九六四年に、日本の大蔵省令に当たる、歳入手続き（Revenue Procedure）という法規命令が制定されており、その第一条は「電算機を利用する会計記録の基礎的要件を特定することを目的とする」とし、第二条は、そのシステムが「監査証跡」(audit trail) を具備し、原始記録から計算結果までの追跡が可能なように、設計されていなければならない、と定めています。第三条は、後日に至って租税債務が正確に報告されていたか否かを決定するに必要な、識別容易な形式でのデータ(資料)が提出できるように設計されていなければならない、と定めています。第四条は、第一項で、そのプログラムは、租税債権の検証に必要な、見読の可能な、かつ識別の容易な記録 (visible and legible records) が作られるものでなければならないと定め、第二項は一号から五号まであり、一号は総勘定元帳と決算報告書との一致、裏付け資料が参照可能であること。二号は、合計金額の表示がある場合には、その裏付けである送り状や証憑書類の細目を確かめることが出来るよう設計されていること。三号は、会計記録は、すべての取引が、原始記録に、または逆に、最終合計金額に向かって、追跡できる機会が与えられていること。四号は、会計資料の備蓄の媒体が必要だと規定し、五号は、正確で信頼するに足るデータ処理を保証するための統制手段の表示とプログラムの解説が第三者にわかるよう、十分に詳細であること、および、プログラムの重要な変更は、その実施の日付と共に、正確な歴史的記録の保持がなされていなければならない、と定めています。第五条は、この法規命令に対する批判または問い合わせは、ワシントンの内国歳入庁次長に対して行うこと、と規定して、これでこの命令の条文を終っています。

西ドイツの電算機会計文献は、膨大な分量があるので、私には摑みきれません。私の書斎には、現在約三十種類ほどあります。そのうち、最も詳細なものはブレーネとパーバント(Burhenne/Perband)

の共著『電算機によるデータ処理関係法』（EDV—Recht）全三冊でしょう。これによると、連邦法律だけで四十九種、州法で六十一種あり、連邦の行政命令が四十一種、各州の行政命令が九十六種、その全文が収録されています。また、国税通則法だけでも四つの条文が用意され、とりわけ、その第一五〇条は、「租税申告の形式と内容」との標題ですが、その第六項は、税務の申告と電算機との関連ついて、連邦大蔵大臣に、法規命令の制定権を与えています。法規命令は裁判所をも拘束することとなっています（基本法第二〇条第三項）。その一九七六年五月制定の法規命令第九条は「データ処理業者の責任」つまり、電算処理を行っているものの責任との標題で、要約すれば、不真実な処理または伝送を行ったとき、租税上著しく不真実な事実、または完全網羅性を欠いたデータの保持、それによる租税の減額または、不当に租税上の利得を得さしめた場合には、責任を有する。ただし、故意または重過失によるものでない点を証明したときは本条を適用しない、とあります。

西ドイツには五百余の民間計算センターがありますが、TKCと連携をとっているダーテフ（DATEV）センターだけが、連邦大蔵大臣の告示によって、「ダーテフ会計の合規範性」の宣言が行われています（AO—Handbuch, Beck 社 1981. 三二二頁参照）。この告示の発布によって西ドイツの税理士業界には激変がおこりました。大蔵大臣は国家国民のためを本気で考えたのでしょう。

フランスには、関連する最高行政裁判所の判例がありますが、紙面の都合上、省略させて頂きます。

結論は何か

現在、日本国中では、会計用のオフコンが、泥沼の乱売合戦態勢に入っています。電算機会計の是認さるべき品質基準の論理を知らない税理士や事業者は、採算性や使い易さという価値判断だけで購入するものが増えています。会計資料を遡って自由に修正できる点を、セールスポイントとしているメーカーがすごく目立ちます。無茶苦茶です。これを規制する行動は、国家の急務です。TKCにとっても、会員中の、電算機会計の品質基準を無視して、この種の機械を使っている者に対しては、断固たる対応を迫られている次第であります。

（TKC会報　一九八三年七月号）

電算機会計とわが国の税理士法

問題の所在

先に私は、日本が米国に次いで、世界の二番目に位置する電算機の普及国なのに、電子計算機と会計との接点について、何らの法規も用意していないのは、大蔵省当局の重大な失態である、と指摘し、今や日本国中はオフコン販売の、泥沼合戦状態にあり、しかも、会計資料を遡って修正できる点を、重要なセールスポイントとしているメーカーが、すごく目立っているが、これでは、日本の会計制度はその健全性を失い、悪質化が加速度的に進むことになって、国家的にも重大問題だ、という趣旨のことを論じました。

しかし、右の論述は、読むお方に少々誤解を招く危険もありますので、この際、加筆補正させて頂きたいと存じます。オフコン販売が、いかに苛烈であろうとも、職業の自由(憲法第二二条)や財産権の不可侵性（憲法第二九条）が、国民の基本的人権として保証されている自由主義国日本にありましては、泥沼合戦でも何でも、自由権の行使に濫用の事実がなく、また、公共の福祉のためにおやりになっているのであれば、私としては異議をはさむ余地は全くありません。どうぞご遠慮なくご活躍ください、と申しあげるだけであります。

ただ、私は、先の論文で「企業の会計処理を電算機を媒体として実施する場合の、その会計の品質の是非に関する判断基準が、法の明文上では与えられておらず、単に条理を媒介とする理論的判断にのみたよっている状況だから」国家の一大事なのだ、という意味を述べたのですが、ここが、わが国の税理士には、重大な誤解を与える危険があると思うのです。というのは、一般の税理士は、業務を物理的な便利さだけで考え、税理士業務が法律業務であることを忘れがちだからであります。税理士法第四五条では、税理士が故意に真正の事実に反して税務代理もしくは税務書類の作成をしたとき、大蔵大臣は、税理士業務の禁止の処分まで、できることになっており、しかも、新税理士法は、税理士業務の禁止が行われると、直ちに資格を喪失し、無資格になってから、行政訴訟によって、あの資格を返せと、何年かかるか分からない訴訟をやって、資格の奪回を図らなければならない羽目に立たされているからであります。このことの重大さを考えたとき、税理士は、安直にオフコンを入れたら大変なことになる、ということが理解できるはずであります。ここが心配な点なのです。

税務官吏の質問にどう答えられるのか

いま市販されている会計業務用オフコンは、お仕着せの財務プログラム・パッケージを使用者に提供し、しかも、そのプログラムの内容の詳細は、第三者が理解し、納得できるような文書として与えられてはいません。かつまた、遡及して会計資料を、どのように修正したか、の記録が電算機内に残りません。証拠が全く残らない仕組みになっています。ここが、TKCのシステムとは、絶対的に違うところです。もちろん、人間ですから、誤りがないとはいえません。誤りを、遡って訂正する希望もでてまいりましょう。そこで、実態を知っている税務官吏なら、第一に先生に向かって、こう質問しますでしょう、「先生のつくられた財務諸表は、遡及して誤謬修正をおやりになりましたか、または、全く修正はしませんでしたか、その事実だけで結構ですから、何らかの証拠書類で、その点をお示しください」と。これだけで、税理士先生は答えに窮するはずです。証拠書類が出せないからです。次に「先生のお使いになっているオフコンは、遡及して修正ができるそうですが、それはお使いのプログラム（ソフトウエア）の中に、データ差し替え用の余白が組み込まれているか、または最近では、遡及修正のデータを後からぶち込んでも、あたかも初めからそうなっていたかのような帳表がつくられます。それは、電算機会計の国際常識（各国の規制条文）には違反していることですが、そのプログラムの内容を調査上必要としますので、分かり易い文書で見せてくれませんか」と。ここで、税理士先生は対応が不能となりましょう。見せられないからです。次にこう質問します。「そういたしますと、先生は、税理士法第四五条にある、故意に（事情を知って）真正な事実には反していないという点を、何で立証なさいますか。立証手段は、何でも構いませんから、例えば、月々の監査報告書でも結構ですから、お見せください」と。この時に、この税理士先生は、内心で「ああ、自分は税務のプロではなかった。一人前の税理士だとは、とてもいえないな」と、独白することになるでしょう。

以上は、税理士法第四五条関連の質問ですから、税理士は、不当な質問だ、とは主張できません。さらに、国税庁長官は、税理士業務の適正な運営を確保するため、必要があるときは、税理士から報告を徴し、税理士に質問し、書類を検査させることができる（税理士法第五五条第一項）ことになっており、この報告、質問または検査に応じないか、虚偽の答弁をしたか、検査を拒み、妨げ、もしくは忌避した者は、五万円以下の罰金刑に処せられる（同法六三条）こととなっており、それは自動的に、税理士資格の喪失となることを意味します（同法第四条）。従業員がやったので、税理士本人は知らなかったとしても、従業員と本人が共に罰金刑を科されることは明らかであり（同法第六四条）、従って、税理士本人の資格の喪失には変わりがありません。気力の弱い、独立性（同法第一条）の自覚がない税理士は「顧問先から頼まれたので、仕方なくやった」などと奇妙な弁解をする者もいると聞きますが、この場合は、法第三六条違反として、三年以下の懲役または三十万円以下（編集部注・現行は百万円以下）の罰金に処する（同法第五八条）こととなっていますから、その税理士の人生はめちゃめちゃになることでしょう。

大蔵省が税理士試験に税理士法を課していないのは、世界に例がなく、重大なる失態だと申せましょう。世の九五％の税理士は、税理士法さえ、精読をしていない、と私は推断しています。そういう状態をつくっているのは、大蔵省そのものですから、困ったものです。TKC全国会が、その研修会で、税理士法の強制研修をやっているのは、大蔵省の怠慢の尻拭いに他なりません。そうしないと、税理士が危ないからです。

条理に法源性ありや

先に私は「条理を媒介とする理論的判断のみに頼っている」と書きました。それは、大蔵省当局が、電子計算機と会計との接点に関して、電算機会計の品質を規定する法規をつくらないからです。しかし、新税理士法の明文からすれば、正しい租税からの逸脱の追及は、実はまことに容易なのです。しかしなお、条理には法源性があるか、という大問題が残ります。

ケルン大学のティプケ教授（Dr. Klaus Tipke）は、税法の法源として、法律、法規命令、自治体法規、二重課税に関する条約及び超国家的規範だけを数え、条理は入れていません（Steuerrecht, 8. Auflage, 1981. 七八頁参照）。パオル・キルヒホフ（Paul Kirchhof）が執筆を担当したドイツ税法学辞典は、租税上の法源として、右のほかに慣習法（Gewohnheitsrecht）を加えています（第二版第二巻一、一二五頁参照）。ドイツ税法学辞典は、ティプケのいう超国家的規範を、ヨーロッパ共同体法と解しています。東京大学の金子宏教授は、憲法、法律、法規命令、告示、条例、規則、条約に判例を加えていますが、条理は入れていません（『租税法』補正版八九頁以下参照）。

忠佐市博士は、一般的行政処分をこれに加えた点で異色だといえる（『租税法要綱』第九版一一頁参照）が、条理は数えていません。元最高裁判事の田中二郎先生のみは、条理は法源だとしています（『租税法』新版九五頁参照）。私見ですが、租税法律主義の原則からすれば、条理はいまだ規範ではなく、規範定立のための一因子に過ぎず、従って、政府は条理で公法たる税法の欠陥を埋めようとしてはならないものと考えます。

（ＴＫＣ会報　一九八三年八月号）

巡回監査をやらない者は、日本の会計人ではない

巡回監査をやらない人は、日本の税理士とはいえない。こういったら、怒り出す税理士先生は、かなりいらっしゃることだろう。いや、御尤も。こういう言い方は、正確さを欠いているからだ。一口に税理士といっても、法人税法や所得税法上の記帳や決算や申告業務と関係ない税法の法域で生活していらっしゃる先生は、この日本には、かなりおられる筈だからである。例えば、資産対策とか相続税対策とか、異議申立事件や、訴訟事件の相談等を専ら担当して生活していらっしゃる税理士先生がそれである。巡回監査が絶対に必要とされる税理士は、法人税法や所得税法の領域で、継続的に、記帳、決算、又は申告業務に携わっておられる税理士先生だけである、というべきなのだ。この先生方は、税理士法第四五条の、いわゆる「真正の事実」という概念の呪縛の下で生活している職業会計人である。

何故に呪縛というのか、それは同条にいう「真正の事実」を故意に（未必の故意を含む）逸脱した者は、業務の禁止を含む懲戒処分という行政処分を、受けてしまう可能性があるからである。ここにいう「業務の禁止」とは、税理士資格の剝奪のことであり、それは刑罰ではないから、本人の自白だけで、これを証拠として、剝奪の処分ができるのである（憲法第三八条第三項）。この法理に気付かない税理士は意外に多い。が、まあ、それは別論としよう。それよりも、もっと重

大なことは、日本の税理士法には時効制度がないことである（弁護士法第六四条、ドイツ税理士法第六八条、第九三条、参照）。従って、日本の税理士は、昔「真正の事実」に反する税理士業務をやったことがある、という過去の事実だけで資格剝奪にもっていかれてしまう可能性の下で暮らしているのである。この点も気付いていない税理士先生は意外に多い。それらは、税理士の行動を、基盤条件として拘束しているものであるから、敢えて呪縛といったのである。

では、何故「日本の税理士とはいえない」などというのか。それは、日本の税理士法に独特の条件として、法の文言外で、巡回監査が義務付けられているからである。昔、我妻栄という民法学者が、東京大学におられたが、この先生は、何を思ったのか急に「いまや我が国は、横のもの（欧文のこと）を縦にする（翻訳して模倣すること）時代は終わった」といわれたことがある。民法の領域では、そうでもあろう。だが、こと一般の社会科学領域（法律学を含む）にあっては、とんでもない。日本の社会科学は、今なお、翻訳科学の領域を出てはいないのである。なぜそうなのか。私にはよく分からない。多分、法哲学が大学の必須科目になっていないこと、特に、「立法の学」（Gesetzgebungslehre）が法科の必須科目となっていないので、法律の解釈（Rechtsauslegung）に自然と重点がいってしまった結果ではないか、と思うのである。ともかく、「日本の税理士とはいえない」、との断言を引き出す根は深い。例えば、日本の法人税法、所得税法及び国税通則法のいずれにも、納税義務者の記帳義務の規定はない。まずこれが異常な法律現象だと、いわざるを得ない。例えば、ドイツの国税通則法第一四一条には「一定の納税義務者の記帳義務」

（Buchführungspflicht bestimmter Steuerpflichtiger）として綿密に記帳義務者を限定する規定があり、更に、商法には第二三八条以下十九ヵ条の記帳義務関係規定がある。その他、記帳義務規定はおびただしく存在するが、ここでは省略する。アメリカ合衆国の一九八六年内国歳入法（INTERNAL REVENUE CODE of 1986）の第四四六条以下には「会計の方法」（Methods of Accounting）と題して、記帳義務に関して法文が百七十五頁以上に及ぶ膨大な条文がある。驚くべきものがあるのである。日本では法律上記帳義務者の限定がないから、「だって申告書が送られて来なかったから申告しなかったのさ」などというい加減な市民までが存在する、という次第である。ここに問題があるのである。

ドイツの税理士には、巡回監査の義務は実定法上も慣習法的にも存在しない。なぜないのか、といえば、第一に、記帳義務者の範囲が厳しく法律上限定されており、第二に、会計記録の原則を定めた判例が五百件以上もあり、第三に、会計記録を完全網羅的に提供したことを証する完全性宣言書の添付義務が法定されており、第四に、日々の現金残高確認の義務が施行規則で法定されており、第五に、現金出納帳に不完全記帳があった場合には、その他の記帳がいかに整然としていて立派であっても、帳簿全体の証拠性が否認され、推計課税が許される、との財政最高裁の判例があり、第六に、アメリカ合衆国同様、脱税の未遂犯には可罰性が定められており、第七に、悪質な脱税犯の懲役刑はその刑の期間が十ヵ年となっているからである。また、ドイツの事業者は、その殆どが自ら仕訳事務を行うことが出来ない。なぜかならば、会計記録のやり方に関する原則（それをドイツでは「正規の簿記の諸原則」といっている）が、五百件以上もの判例で定められており、日本と違って、納税者は法律規定と判例とによって、がんじ絡めにされているのであり、専門家でもない限り、会計処理の方法などは覚えきれないからである。従って、会計事務所（税理士会社を含む税理士事務所に限られるが）の業務は現金出納帳を中心とする会計資料に仕訳を記入することが、その大半の業務であり、仕訳さえ完璧ならば、その後は電子計算機で、会計帳簿や決算書、申告書等が、自動的に作成されてしまう現状である。どうして関与先の事業所の現場まで出張して、会計記録の真実性、実在性及び網羅性を確かめる必要があろうか。客観的に必要がないのである。これは日独会計体制間の最も巨大な隔たりである。

アメリカ合衆国にあっては、「一般に認められている会計の原則」(Generally Accepted Accounting Principles.略してGAAPという）が優に千頁を超していること、さらに「一般に認められている監査の規準」(Generally Accepted Auditing Standards.略してGAASという）もまた、千頁を超える分量に達していること、については再三にわたって述べてきたところである。イギリスも殆どアメリカ合衆国と同様の分量に達する会計原則と監査基準とを持つに至っている点については、既に述べた。アメリカの場合は、ドイツと異なり、財政裁判所のような特別裁判所はもっていない。ドイツでは第一次大戦後、エーベルト大統領の指導下で作られたワイマール憲法に基づいて、ライヒ財政裁判所（Reichsfinanzhof）という税法専門の裁判所が作られ、その「判決及び鑑定集」(Sammlung der Entscheidungen und Gutachten）の第一巻がミュンヘンで出版されたのが一九二〇年であり、一九四九年の基本法以後は連邦財政裁判所（Bundesfinanzhof）と名称を変えて判決集の出版を続け、一九八九年現在で百五十八巻に達している。脅威的とも申すべき膨大な判決集であるが、その中でＧｏＢと称する会計処理基準に関する諸原則を策定した判決だけで五百件を超える、と認められる。これがドイツ会計の根幹を成す、といえる。これに反してアメリカ合衆国には、ドイツの如く、完全性宣言書の添付提出義務の法定はなく、日々の現金残高の確認義務は法定されておらず、従って「往査の基準」（The Standards of Field Work, 1972）を策定せざるを得なかった。ただ面白いのは往査基準の中に「抜き打ち監査」の義務条項があることである（AU Section 310.08）。

これらに反して、我が日本にあっては、第一に、記帳義務者の範囲を定めた法条がなく、第二に、会計記録の原則を定めた裁判例は五指に満たず、第三に、完全性宣言書の法的な添付義務はなく、単に、任意の添付事項として税理士法第三三条の二の第一項に、大蔵省令で定める事項の記載書面添付を認める旨の表示があるに止まり、第四に、日々の現金残高確認の法定義務などは勿論なく、第三に、現金出納帳に万一不完全記帳があったときは、関係帳簿全体の証拠性を否認する法条などはなく、単に、更正処分の事由をなすに止まっており、第六に、脱税の未遂犯については、所得税法、法人税法及び国税通則法にはその条文が全くなく、単に消費税法の一部についてのみ、その片鱗をのぞかせているに過ぎず、第七に、国を偽り、社会を偽った悪質な脱税犯、今評判の何十億円もの脱税犯についても、「五年以下の懲役若しくは五百万円以下の罰金」「又はこれを併科する」規定（法人税法第一五九条等）をもっているだけである。これが日本なのである。これを国際的に見れば、日本の法制は、国民全体を脱税犯の予備軍にしたい願望を秘めた法制であると評価されても、やむを得まい。そこへもってきて税理士法第四五条の「真正の事実」という呪縛条項があるのである。

それは、嘗て論じたように、①納税義務者が、断じて自分は脱税しないとの鮮明な決意を持ち、②法人税法及び所得税法について、専門的な学識をもち、③かつ、それを綿密に実践する実践意思をもって行動している場合にのみ、巡回監査は必要ないのである。そんな関与先が、ＴＫＣ会計人にだけ、恵まれて配布されていると、何人《なんぴと》がいえるだろう。租税正義実現の理想で団結するＴＫＣ会計人は、誓って、毎月の巡回監査を断行し、国家と社会とから、信頼され尊敬される会計人に徹していかねばならない。それ以外に、日本では会計人としての生き甲斐と栄光はないのである。

（ＴＫＣ会報　一九九一年五月号）

背筋が凍る危機経験と職員教育

これは筆者の恥を話すことになるのだけれども、それが事実だったのだから、ＴＫＣ会計人には全面的に告白して、会員各位に自戒の一助として、参考にして頂ければと思って書くこととします。

それは昭和三十年代後半期のできごとでした。大同生命の現顧問、当時は東京の上野支社長だったIさんから、彼の長野中学校時代の同級生Gさんの会社の経営を見てやってくれないか、との依頼があって、Gさんの会社を訪ねました。会社は東京神田の国鉄駅の近くにあって間口は二間足らずのラジオ部品屋さんでした。資本金は十九万八千円で始めた会社だという。筆者は松下幸之助さんの例を引いて、いま日本一の経営者といわれるこの人も、操業時代は九尺四面の電気部品屋さんだったのだから、小さいことは少しも気にする必要はない。問題は、発展の構想だが、これは常に持っていた方が良いですよ、といって帰りました。

Gさんは自宅で鍍金《メッキ》の研究を続けていたそうです。そして或る日、会社の商号は変えずに、業種転換を図ったのです。ラジオ部品屋さんから鍍金屋さんへです。これがバカ当たりしたのです。会社は急成長を遂げ、従業員は大幅に増大しました。資本金も増資を重ね二千五百万円になりました。Gさんは業界の視察のために世界旅行を敢行しました。帰国してから筆者に向かい、世界を制覇する自信がついた、と告げたのです。岩手県内に五千坪の工場敷地を手に入れた、とその頃、筆者に連絡してきました。

丁度その頃、Gさんは軍隊時代の同年兵だったというNという人物を採用しました。何でも、東京商大を卒業した人なのだとかいう。GさんはこのN氏を、採用と同時に営業部長にしました。

突然訪ねてきたのだけれども、軍隊時代一緒だったのだから、という次第でした。Ｇさんは、あっけらかんとしていました。筆者は幹部職員教育のために来てくれと頼まれ、蕨《ワラビ》の新工場二階の会議室で講演をしたことがあります。その直後の或る日、筆者がＧさんの会社を担当させていたＳという職員から「Ｎ営業部長が、飯塚という人は、私は嫌いだ、といっていましたよ」と報告してきたのです。筆者は「そうか、さては、何ごとか悪事をたくらんでいるな」といい、続けて「君は日頃の私を見ていて分かっているだろう。光明に背面なしだ。その私を嫌いだという奴は、ご本人が悪人である証拠だよ、警戒しとけよ」とＮ氏に注意すべきことを命じたのでした。しかし、どう注意を払ったら良いのか、どの点に特に注意すべきなのか、等について、私は突っ込んだ指導教育を怠り、やがて忘却してしまっていました。これが第一の失敗でした。

それから数ヵ月がたちました。或る日突然に週刊誌に大々的にＧさんの会社名とＮ氏の不正行為があばかれました。筆者はびっくりして、電話で、担当職員のＳとＦとに連絡をとり、何故、事前に、所長たる私に報告しなかったのか、と責めました。後の祭でした。Ｎ氏は、会社の社判と社長の印とを、自分の自宅に持ち出していたのだそうです。不正振り出しの約束手形は、金額が約三百億円でした。社判も社長印も会社には無い、という事実は、筆者の職員も知っていたようでした。ただ訝《いぶか》しがっているだけで、こりゃ重大問題だ、とは考えていなかった様子でした。ですから、筆者から激しく叱責されても、ただ困惑だけしている、という風でした。簿記と税務の技術少々を知っているだけだ、という職員は、会計事務所の経営にとっては、危険至極の存在なのである、という事実を、まざまざと知らされたわけです。「内部統制の質問書」（会計全書参照）は、日頃、職員に読ませて、どういう点を警戒すべきなのか、特定の教養は持たせておくべきだったのです。筆者の大失敗でした。しかし、事件は既に起きてしまったのです。受けて立つ以外に方法はないのです。筆者は、税理士法第四五条の真正の事実の条項と相当注意義務の条項とを考えていました。筆者の知る限り「真正の事実」という概念の有権解釈規定は存在しなかった、と記憶する。とすると、会計事実の網羅性、真実性及び実在性は、当然に法の規定する真正の事実の内容を成すべき原理だ、と見るべきでしょう。また相当の注意義務というのは、会計に関する予見可能性をめぐる義務だ、と考えられる。つまり特定の事実があれば、当然、特定の結果の発生を予見すべきであったのに予見しなかった事態となれば、相当注意義務違反を問われることになりましょう。筆者の場合は、まさに紙一重の立場にいたことになります。

N氏は、約束手形の不正発行により莫大な財産の横領をやっていたわけです。当然に刑事訴追されることになります。N氏は週刊誌で大々的に暴露されると同時に、その姿をくらましてしまったようです。手形のほうは期日がくると容赦なく銀行から取り立てをくらいました。会社の現有財産ではどうしようも無い。たちまち債務弁済不能に陥り、破産宣告となりました。間もなく破産管財人から、当方に顧問解約の通知がきました。ここへきて、社長であるGさんは、筆者に会いたくなったのでしょう。茅ヶ崎の筆者宅にやってきて、一部始終を語り、声を上げて泣きました。Gさんは、突如として丸裸にされてしまったのです。「なぜ貴方は、N同年兵と別れて二十年も経つのに、その間にどんな人生航路を辿ってきたのか分からない人を、営業部長になんかしたのですか」、「なぜ貴方は、営業部長が社判や社長印を持ち出すことを、許していたのですか」と次々に発した筆者の質問に、Gさんは一言も答えられなかった。自分の迂闊さにぽろぽろと悔恨の涙を流すだけだったのです。かくして、大発展の途上にあったGさんの会社は、瞬間消滅の悲運をなめたのでした。百名を超した従業員は全員路頭に投げ出されてしまったのです。このショックのせいか、Gさんは、間もなく亡くなりました。Gさんという人は、純朴で、純粋で、太っ腹で、探求心旺盛な事業家でした。ただ若き日の筆者のように「天上の月を貪り見て、掌中の珠を失脚す」（雲巌寺の植木老師の筆者に対する叱責の詩句）という欠点を持っていたのでした。

ただ余りにも唐突な倒産だったためか、Gさんも破産管財人も、筆者に対し、税理士法第四五条第二項の「相当注意義務」違反による損害賠償請求の訴訟は起こしませんでした。若し起こされていたなら、筆者は数百億円の損害賠償問題にさらされて、何年間かの法廷闘争を余儀なくされていたかも知れないのです。これを想うと筆者は、背筋が凍る思いがしました。筆者の職員であるSとFとは、会社の社判や社長印が、会社に正当に保管されていないことは、気付いていた筈。ただ営業部長の「飯塚は嫌いだ」との激烈な一言に気押されて、その事実をひっさげて、これを公然と問題化し、社長に進言して、改めさせるという行動に出る馬力は持ち合わせていなかったのでした。職員のSとFも、真面目で、正直者だった点は間違いありませんが、会計人に本質的な条件だとされる正直さの根底には、畏れのない心が定着している必要がある、とまでは分かってはいませんでした。日本の職業会計人の十中八九までは、この点の理解を欠いている、と筆者は見ているのです。従って、若し筆者と同じ立場に立ったとしたならば、日本の殆どの会計事務所は崩れる危険あり、と筆者は評価しているのです。

アメリカの会計士協会で、その生涯中二度も会計士協会長をつとめたモンゴメリー先生は、その『監査論』の中で次のようにいっている。「正直――正直さは会計人にとっては本質的な条件である。……それは自分の行動について二つ又はそれ以上の選択肢から選び、また自分の選択を論証するに当たっては、畏れの心がさらさら無いことを意味している」と。(Honesty――Honesty is an essential qualification of a public accountant……It means fearlessness in distinguishing the relative merits of two or more courses of action and in advocating his decision. Montgomery's Auditing, Eighth Edition p.15) 筆者はモンゴメリーの監査論を読むまでは、会計人が正直であるべきことは分かっていたが、その正直さの根底には畏れの心が無いことが要請されているとまでは気付かなかったのでした。これを知ったのは昭和三十八年三月ごろのことでした。

さて最後になりましたが、会計人は公認会計士といわず税理士といわず、会計に関するプロですから、関与先の業種や規模の大小とは関係なく、会計監査の基準とされているものの中の、会計監査基準懇談会が立案した「内部統制の質問書」は一通りこれを理解しており、その二一六項目のうち、適宜の項目を選んで質問を行い、正さしめるべきはこれを正さしめ、真正の事実を掌握し、相当注意義務違反の損害賠償責任を問われない必要があります。いや、俺は、そんなくどいことは嫌だ、というお方は、速やかに廃業して逃げることが肝要です。逃げ遅れると、いつかは底無しの破産の憂き目に遭うことは必定でしょう。

　わが国では職業会計人に対する損害賠償請求の案件は、まだまだアメリカの比ではありませんが、それでも、毎年数十件の賠償請求事件が起きています。先頃、アメリカ第七位の大事務所であるラヴェンソール・ホーワス会計事務所が二十億ドル、邦貨換算で二千六百億円の損害賠償金支払の判決を受け、二千八百五十名もいた所長以下の全従業員が、一朝にして路頭に投げ出され、会計事務所は雲散霧消してしまいましたが、世界的に権威のある「ラファティ出版社」の公報によれば、訴訟は三件どころではなく約百件も抱えていたとのことです。ＴＫＣのリスクマネジメント制度推進委員会は賠償請求の事例集を出版配布していますが、「今までは他人《ヒト》のことだと思いしに……」のお方が多過ぎませんか。激動期ですから、慎重に考えて頂きたいのです。

（ＴＫＣ会報　一九九二年四月号）

なぜ巡回監査は絶対必要なのか

ドイツの税理士には巡回監査の必要がない

なぜだろう。その実質的事由は、ドイツ法制の中で与えられている。その第一はドイツ税理士法の中に、であり、第二は、ドイツ財政裁判所の判決例の中に、である。

現行ドイツ税理士法(その全文は、拙著『ドイツ税理士法解説・全訳』を参照されたい)の第三三条には税理士の「活動の内容」が規定されている。それはわが国の税理士法第二条に相当する条文である。その第二文には「租税法に基づく記帳義務履行の際の援助」(die Hilfeleistung bei der Erfüllung von Buchführungspflichten, die auf Grund von Steuergesetzen bestehen.)という文言がある。これは、わが国の税理士法第二条第二項に該当する次第であろう。ただし、わが国の国税通則法は、ドイツの国税通則法(AOと略称している)のように、記帳義務ある納税義務者とは誰かという概念規定や、記帳義務ある納税義務者の範囲はどこまでかを限定した法条を欠いている。別言すれば、わが国の税法は、納税義務者の記帳義務を、正面から取り上げてはいないのである。昭和五十五年の税理士法改正までは、「記帳の代行」という用語すらも、法律の中に取り入れられてはいなかったほどである。この現象は、わが税法の恥部である。従って、実体論的には、記帳義務履行の援助という業務は、日独間では、等しく税理士業務とはいっていても、その中身は、全くといって良いほど違うのである。

それは前記第二の財政裁判所の判決例を見れば、さらに正確に肯けるであろう。ご承知のように、ドイツでは第一次大戦後、ドイツ共和国の初代大統領となったエーベルトの政府が出来て、これがワイマール憲法を作ったのだが、この体制下で財政裁判所（Finanzgericht）が創設され、それが今日まで存続しているのである。その租税判決は、いまや、二十万件を遙かに超えている。筆者の手許には、その全判決文が揃えてあるが、その最新版である一九九一年版は、巻数で第一六三巻、五七六頁に及ぶものである。その中で会計帳簿の記帳に関連する原則は「正規の簿記の諸原則」（ＧｏＢ）と呼ばれているが、その判決例が凡そ五百件にも達するのである。確かなところでは、ドイツ連邦財政裁判所の長官をやったリットマン博士（Dr. Eberhard Littmann）の有名な大著、一九八一年版「所得税法」（Das Einkommensteuerrecht）の第一巻三〇一頁から三六八頁までに掲載されているＧｏＢ関係判決だけで数えたところ四百四十一件もある。その後十一年を経た現在では、その判決例が更に追加されて約五百件に及ぶと認められる（BFH Sammlung der Entscheidungen, Band 151-160 S.582 参照）。一般の納税者が、税法に基づく、会計帳簿の記帳に当たって、この約五百件の判決例を念頭に置いて記帳を行うことが、果たして出来るであろうか。わが法人税法施行規則別表二二の十四項目に及ぶ記帳条件とは、天地雲泥の違いがあるのだ。この答えは出来ない、ということである。従って、ドイツの納税義務者は、現金出納帳を懸命に記載するだけなのである。なぜ懸命にかというかといえば、ドイツの納税義務者にとっては、現金出納帳が不正確だったときは税務署による推計課税が許される、との判決例があるからである。この現金出納帳そのものは税理士事務所に持参され、仕訳記帳は税理士事務所が実施するのである。ドイツ商法は、公認会計士が監査を行ってはならない場合として「監査行為を越えて協力した場合」(über die Prüfungstätigkeit hinaus mitgewirkt hat) を掲げている (HGB § 319 Abs. 2 Nr.5 参照) のは、この仕訳記帳を行っていた場合には、監査を行ってはならないという意味なのである。仕訳記帳を行うことは、会計人の独立性の阻害要因であるとの論理を採用しているからである。「簡略試験」(verkürzte Prüfung) 制度を採用しているにもかかわらず、税理士から公認会計士へのなり手が少ないのは困った、とドイツ公認会計士協会会長のシューレン博士 (Dr. Schulen) が筆者に向かって嘆いていたのは、この点に原因があるのである。因みに米国では、単純に記帳をやっているだけで独立性を喪失していないという場合には、監査をやっても差し支えない、との論理を採用している (AICPA Professional Standards. ET § 191. 009. 010. 参照)。私見だが、筆者は、この点に関しては、米国の考え方のほうが、より理論的に厳密であり自由であると思う。筆者がこの点で、シューレン博士に向かって、「ドイツの国会議員をもっと説得したまえ」と言ったのは、いまでも正しかったと思っている。

いずれにせよ、以上二つの理由から、ドイツの税理士は、巡回監査をやる必要は全く無く、関与先が持参した現金出納帳によって仕訳を行い、総勘定元帳を作成しているのである。

翻って、日本ではなぜ巡回監査が必要なのか

わが国の税法には、記帳義務者の概念規定やその範囲の限定がない。といえば、いやそれで良いのだ。商法第三二条には商人の会計帳簿作成の義務が法定されているではないか、とあるいは言うかも知れない。商法第八条によって、小商人は商業帳簿作成の義務も免除されているのだ。従って、記帳義務者の範囲もちゃんと限定されているのだ、というかも知れない。では、その記帳義務を免除されている小商人とは、いったい何者をいうのか。商法中改正法律施行法第三条によれば、小商人とは「資本金額五十万円ニ満タザル商人ニシテ会社ニ非ザル者ヲ謂フ」とある。会社に非ざる者は可なりとしても、資本金額を基準として小商人概念を形成するのはちょっと稚拙ではなかろうか。立法者は法文の立案に当たって、「貨幣価値漸落の法則」という経済学上の原則は考慮しなかったのか、真に惜しい。例えば、ドイツ商法は、小商人を「その営業の仕方や大きさが、商人的な方法に向いた事業経営を必要としていない者」(deren Gewerbebetrieb nach Art oder Umfang einen in kaufmännischer Weise eingerichteten Geschäftsbetrieb nicht erfordert. HGB § 4 Abs.1 参照）と規定している。従って当然に行商人とか街で屋台を引いて商売している者などは除かれる。いまの日本で、夜の銀座をチャルメラを吹きながら屋台を引いておでんを売っている小父さんの商売道具一式は、五十万円では調達できない。日本の法制上、記帳義務者の限界が曖昧だというのは、一つにはここのところを指しているのである。

しかしながら、税理士法第四五条の「真正の事実」なる文言は、なお厳として存在している。これに反すると税理士は懲戒処分の対象とされるのである。ただ、真正の事実とは何か、に関する有権解釈規定は見当たらない。解釈による以外は無いようである。だが、真正の事実とは、すっぽんぽんで素っ裸の、何ら人為的な造作を加えない、単純にあからさまの、事実、という意味でないことは自明である。例えば、顧客が明らかに脱税していても、その事実をそのまま認めて、税務の処理をせよ、と法が期待していないことは明白だろう。税理士は産業廃棄物処理業者ではない。従って「税理士は顧客から与えられた資料をいかに汚れていてもそのまま受けとめて税務の処理をしていれば良い職業だ」とはいえない。と言っても、税理士は裁判官ではない。裁判官は時に法規範の補充差替えを行う。ベルリン大学の法哲学教授シュタムラー博士は「正しい裁判官は、正しい規範を補充差替えしなければならない」(Der gerechte Richter soll also die rechtliche Norm ersetzt haben. Die Lehre von dem richtigen Rechte von Rudolf Stammler. 2. Auflage, S.157 参照)と説いた。だが税理士には、税法規範の補充権はないのだ。シュタムラーは、正しい法規範の補充差替えは、民事法の領域(Zivilrechtspflege)に限り、刑事法の領域は除くといっている(同書二〇二頁)。これは舌足らずで、実はケルン大学の税法学教授(最近退官)のティプケ博士がいうように「法律無くして租税無し」(Keine Steuer ohne Gesetz〈nullum tributum sine lege〉Steuerrecht, Ein systematischer Grundriß, 11. völlig überarbeitete Auflage, S.27 参照)であり、租税法律主義は罪刑法定主義と同様に類推解釈を禁止するもの、なのである。つまり、シュタムラーは、刑事法の領域とは別に租税法の領域をも除くと言うべきだったのである。

以上のように理解してくると、真正の事実とは「真実の正しい事実だ」となる。そうなると税理士は、「顧客から提供された生《なま》の資料のうち、違法不正の資料部分が見つかったときは、これを訂正させ正しい資料に直させて、その上で税法上の処理を行う義務がある、ということになる。それは伝票や証憑書類の一枚一枚を巡回監査によって検証してみなければ分からない。わが商法にはドイツ商法第二五七条のような、証拠の存在を記帳の絶対的条件とする条文はない。ドイツでは「証拠なければ記帳なし」(Keine Buchung ohne Beleg.) は、正規の簿記の諸原則の一部だと法律で定められている(同条第一項第四号参照)。このわが国法制の欠陥をどう克服するかで、TKCは証第　号の印と支払証明書用紙を大量に作って会員の利用に供しているのである。たった一枚の脱税伝票を見過ごしていたばっかりに、税理士資格を棒に振った元国税庁の幹部がいたではないか。税理士の業務は試査は許されていない。全部監査を要求されているのである。ここが公認会計士業務と税理士業務との決定的相違点なのである。

繰り返すようだが、真正の事実ではないと知りつつ業務を行った場合が故意であり、知らずにやったときは相当注意義務違反となる。行政処分は刑事処分とは全く別であり、一枚の始末書で、税理士の資格剝奪が可能なのである(憲法第三八条第三項参照)。巡回監査は絶対に無理しても断行すべきものであり、損得計算、銭勘定の対象領域ではないのである。ご注意あれ。

(TKC会報　一九九二年五月号)

第三章

職業会計人の職域防衛と運命打開

激流にさかのぼる

はじめに

大同生命の社長だった三木助九郎氏が、昭和三十八年の元旦に亡くなったとき、息を引きとる寸前に奥さんを枕辺に呼び、「建仁寺管長の益州老師に書いてもらった掛軸一本を、飯塚毅に届けてくれ」といって絶命しました、と後日、奥さんが泣きながら、その軸を抱えて、私を訪ね、贈呈して下さったことがありました。その軸には、五言で二行の句が書いてあったのです。「大石遡激流、大人遡逆運」（大石は激流に遡り、大人は逆運に遡る）と。つまり、大きい石というものは、激流が押しよせると、逆に上流に向って流れをさかのぼるものだ。同様に、大きな人物というものは、逆境に立たされたときは、人間として凄く成長するものなんだ、という意味かと思います。私はこれを、わが所長室に掛けて、朝夕眺めていました。間もなく例の飯塚事件が突発して、連日、九〇名の調査官が、私の事務所や自宅や顧問先を強襲して拷問に近い調査を始めました。私は、時こそ来れ、とばかりに、益州老師の書を、自分を激励する句だと受けとめて、密かに、自分を慰めていました。

当時、弟子の身を案じて、雲巌寺の植木義雄老師がしばしば、私の事務所を訪ねてこられましたが（事件期間中だけで六回でした）、この軸を見、私の顔を眺めて薄笑いを浮かべ、「これは、お前には向かんな」とただ一言いわれたことがあります。自分の掌中を見るように、他人の心中がわかる老師のことですから、老師は飯塚が、この句を、自己激励の句として、心中に抱いていることを見破り、禅家の境地というものは、そんなもんじゃないぞと、早速、三十棒を喰らわして下さった次第でした。毎年元旦になると、三木さんと益州老師と植木老師を想い起こし、先輩の恩と師恩とに涙がうるむのです。

会計人におしよせる激流

一九八一年は、日本の会計人にとって、本格的な激流がおしよせてくる年だと解します。それは、ミニコン、オフコン、パソコンの襲来です。勿論、前駆的な兆候は一九八〇年にもありました。しかし、米国公認会計士協会の専務理事ケアリー氏が、私の面前で嘆いたように、職業会計人は総じて、いわれなき保守の惰性の中で眠る、との性向が強く、先見力が鈍い特性を有しますから、わが身に火の粉がかからないと、ことの重大性を理解しない傾向があります。しかし、全国のメーカーが既に六〇社を超え、玄人筋の有力意見として、今後五年以内に、従業員一〇人ないし二〇人以上の事業所の八割は、間違いなく、ミニコン、オフコン、パソコン（以下便宜上、総括してオフコンと申します）を設置することになる、といわれます。なぜか。技術革新の速度が加速度化しているからです。

われわれは、人類史八〇〇〇年の中で、最高に早い技術革新の流れの中にいま立たされています。考えても見て下さい。一九六四年、昭和三十九年にシャープが初めて電卓を市場に売り出したとき、電卓一箇の値段は五二万五、〇〇〇円でした。その重さは二六キロ（六貫五〇〇匁）でした。それが一〇年後には、シャープの名刺サイズの電卓がなんと三五グラム、値段はまた下って二、六〇〇円なんです。値段で二〇二分の一、重さで七四三分の一に改訂されました。いまＴＫＣのシステム開発研究所（宇都宮市）に設置してある世界最大級のコンピュータＭ一九〇は、フルセット一台の値段が五〇億円です。しかし、あと五年もすると、フルセット一台が五億円以下にもなるでしょう。いまから一〇年前の中型コンピュータは、いまのオフコンよりも、能力が劣っていたのです。貴方はどう考えますか。現時点のわれわれの最高の課題は脚下照顧です。

会計人の職場に起きる変化は何か

まず第一の変化は、オフコンメーカー、従ってその機械の一般の利用者たる企業側と会計事務所側との間で、月々の記帳計算と決算書作成、及び簡易な経営分析並びに給料計算と在庫管理事務等の争奪戦、激甚な争奪戦が表面化してきます。この点で、巡回監査を怠り、または、巡回監査はどうやらやっているとしても、財務三表ていどの電算機帳表しか交付していなかった会計人は、関与先に確実に逃げられます。一年間に二、三日しか往査せず、しかもそれが決算申告期だけだ、というような会計事務所は、真先に関与先に逃げられます。関与先としても、長年のつき合いだからなどという人情論よりも、企業自身が生きるか死ぬかという切実な場面に立たされていますから、背に腹は代えられない、との理屈で逃げていきます。先月の中頃に、例の徳州会病院の理事長徳田虎雄氏と対談しましたところ、氏は「日本の医師の中で、まともな医師だと認められる者は四ないし五パーセントしかいません。税理士だってその程度じゃないんですか」といわれ、返答に窮したことがありました。税理士の関与先に近く激変が起きる、ということです。

第二の変化は、過去計算だけに自分の業務を限定している会計人は、いかに誠実で良心的であっても、関与先からは棄てられてゆく、との原則が明確化してきます。経営者の本音は、過去計算なんて、どうでもよいのです。「今日からのちどうしたらいいのか」を必死に模索しているのが現状です。そこでモンゴメリー先生がいわれたように「経営方針の健全性」に関する最高の助言者になれるのかどうか、会員先生は自問自答してみて下さい。経営の各条件を種々に変化させるだけで、無数に近い未来計算のモデル像を提供できないような会計人は、はっきりと脱落者になります。

会計人はどうすべきか

先日、岐阜県内のＪＤＬ採用者二十数名が、ＴＫＣセンターに救済を求めてきました。センター長から社長室に緊急の連絡があり、対応策の指示を求めてきました。「自分らの、おテンテンの代償なのだから、あきらめなさいと、正直に申し上げなさい」と指示したのでしたが、肝っ玉の小さい会計人には、衝撃が強すぎるかな、と思い直して、もう一度、私からセンター長に電話を入れ、「実はうちの社長も一五年前に同じ過ちを犯して、六〇〇万円もすっちゃったんです。ですから、おテンテンでは先生方も、うちの社長も同じです、とつけ加えて置きなさい」と申しつけました。最近北海道会の副会長がJDLに走り、TKCを脱会しました。執行部に問い合わせたところ、TKC会員の劣等生なので、せめて副会長にでもしておけば事務所の合理化のため頑張るか、と思ってしたのだけれど、やっぱり駄目だったんです、との回答でした。今後も、この手の人は跡を断たないでしょう。日本の医師ばかりではなく、もの事の本質を見抜いて、正しいステップを踏める人は、徳田説どおり四、五パーセントではないでしょうか。相手が儲け主義できているのか、一箇の透徹した哲学をもってやっているのか、味噌なのか糞なのか、判別できないどの人が多すぎるのですね。マルクスではないが「哲学の貧困」ですね。リトルトン教授が強調したのも、実はこの点なのでした。

さて結論ですが、会計人は現時点での世界最高級のコンピュータを、わが家のものの如く使える条件をもつこと。そして、経営者が「今日からのちどうしたらいいのか」について、十二分の助言能力をもつこと、に尽きると思います。そうわかっていても、それを実践できるかどうかは、先生がどこまで潜在意識の領域（行動の選択は潜在意識による）を鍛錬（浄化）されているか、にかかっているのです。

（TKC会報　一九八一年一月号）

発展事務所と没落事務所

はじめに

貴方は、あなたの関与先で、税務と会計以外の領域で、法律問題が突発したとき、直ちに、その問題解決に一番適している、と思われる弁護士を、推薦できる体制を整えておられますか。

そんなことは、俺の仕事じゃない、とお考えだとすれば、貴方は、ホントのところは素人であって、プロの会計人ではない、ということになります。

税理士は、税務だけが職業範囲であり、公認会計士は、会計監査と財務相談だけが職業範囲なのだ、と考えているのは、日本の会計人だけであって、それは世界に通用するものではありません。

どうも、日本の場合は、まわりが海にかこまれていて、諸外国との交流が欧米のようにはいかない、という難点と、日本語という言語が、世界のどの系統の言語からも完全に孤立していて、日本語社会の中に生み落とされて、日本語だけを呼吸して育った日本人には、外国語習得が異常に困難だ、という難点が存在するせいか、職業会計人の生きざまに関する海外情報が、殆ど知られていません。情報そのものは、山ほどあるのですが、言語の壁が邪魔していますので、情報が生かされない状況にある、というのが真相なのでしょう。

日本の会計人の中には、TKCのシステムは最高だし、費用も一番安いのだから、入会したいとも思うんだけど、入会すると生命保険や損害保険までやらされるそうだから、いやなんだ、という人がいるそうですが、こういう無知の典型的な分子が、日本の会計人界には、相当多数いるようですから、困ったものです。モンゴメリー先生がいわれたように、会計人の発生史論的な原点は、経営者の親身の相談相手たる点にあったことを、思い返していただけたらなあ、と思うのです。

正当業務の範囲は何か

私の手許には、アメリカ公認会計士協会（AICPA）が発行した『成功する会計事務所の手引き』という本がありますが、これは二〇年以上も前に出されたものです。その一五ページには、会計事務所の正当業務の範囲と題して、次の二〇項目に及ぶ業務範囲が記載されています。ご承知だと思いますが、イギリスのスコットランド会計士協会では、既に、一〇年以上も前から、コンピュータの基礎知識が、会計士の試験科目にとり入れられておりますから、正当業務の範囲は、いままでは相当に拡大されてしまっているのが、現状だ、との理解を頭において、お読み下さい。

その業務範囲なるものを、機械的に、翻訳して並べれば、次の通りです。①記帳事務、②源泉税関係事務、③各申告書作成事務、④特別経営分析、及びその報告事務、⑤弁護士選択の指導、

⑥監査一般、及び特別監査、⑦取締役会の指導、⑧予算の指導(制度、作り方、内容)、⑨災害保険契約締結の指導、⑩原価分析、及びその指導、⑪債権回収及び集金方策の指導、⑫報告書提出及び報告吟味の仕方の指導、⑬使い込み、及び横領対策の指導、⑭関与先従業員の採用、面接の指導、⑮財産対策の指導、⑯関与先会計係の教育、⑰一般的経営管理会議の指導、⑱贈与税(相続税)対策の指導、⑲生命保険(事業者保険)契約締結の指導、⑳資金借入の手配と指導。以上です。この他に、帳簿組織及び帳表類の立案指導、とか、原価計算制度確立の指導、とか、更に今日ならば、ミニコン、オフコン、パソコンの導入に関する指導、とか、ソフトウエア、即ち、システム設計の指導、とか、まだまだ沢山あるわけです。

正当業務の範囲を理解しているならば

もし、貴方の事務所が、この正当業務の範囲のうちの、①から③ぐらいまでしかやっていない、と仮定した場合、あなたの事務所は、成功する会計事務所の条件を殆ど持っていない事務所だ、と断定して間違いないでしょう。八〇年代の激動期には、真先に、関与先に逃げられてゆく事務所だ、といえましょう。なんとなれば、八〇年代の関与先のニーズは、驚くほど多様化し、高度化し、迅速性を要求してくるからです。それに応えられるだけの、サービスの多様性、高度性、迅速性を持たない事務所は、発展の可能性を持たないのは無論のこと、存続・生存の可能性もない事務所だ、ということになります。

こういう正当業務の範囲を正しく理解し、実践する事務所は、八〇年代の激流の中で、どんどん発展してゆくのでしょう。最近やっと、ＴＫＣの企業防衛制度という名の生命保険指導や、リスクマネジメントと称する損害保険の指導について、違和感をもたない会員事務所が増えてきた、という話を耳にします。やれやれ、情けないな、と思います。既に、企業防衛に努力して、大同生命の保険を指導した会員諸先生には、一〇〇億円以上の謝礼金が支払われています。私は、その謝礼金を、あと五年間で、五〇〇億円ぐらいにしたいな、と念願しています。そんなことは、まったく、わけなく出来ます。つまり、四、五〇〇の会員事務所のうち、約五〇〇事務所が仮りに救い難いものだとして、残り四、〇〇〇の事務所が、平均四〇億円の保険契約の指導を完了すると、合計一六兆円の契約額となります。四〇億円の生保契約指導は、私ならば、一ヵ月間に二、三日を当てるとして、二ヵ月間で、きれいに完了できます。その程度の指導力を持たない会計事務所は、今後は、ますます、遅れをとってゆく他にはない事務所だ、といえましょう。一六兆円の生保契約を達成しますと、軽く、五〇〇億円超の謝礼金が会員諸先生の「お手もと」に入ることになるでしょう。

会計人の本質的な原点は、経営者の親身の相談相手たることなのですから、関与先全体が、広く市況を知り、技術と経営革新の最先端情報を常につかんでいて、激甚な競争に生き残れるよう、精密な情報媒体を提供してやる必要があります。会員会計人が、その関与先の全部から、感謝される条件を確立する。目的は、それだけです。それを、上意下達だの、次々に仕事を押しつけられて叶わない、だのと、方角違いの批判や不平が飛び出してくるようなので、実は密かに長嘆息しております。

問題の本質はどこにあるのか

ショーペンハウエルは、知性と行動の選択とは別ものだ、といい、フロイトは無意識（潜在意識のこと）が行動を決めるのだ、といい、東大の時実教授は、人間の情動行動は大脳辺縁系で決められる、といいました。つまり、理解することと、実践可能性をもつこととは、全然別な大脳部分で営まれる、ということ。これを本当にわかった人は、潜在意識と表面意識とを直結させる工夫を積む必要があります。それは、ぼやっとして、待っているだけでは、絶対に手に入りません。禅の師匠が、百練千鍛というのは、ここのところです。徹底的な瞑想体験によってのみ、人はこれを手に入れることができます。重要な点は、この瞑想体験には、原価が一円もかからない、という点です。真の人生の生き甲斐のために、貴方も、徹底的な瞑想体験によって、自分を鍛えてみませんか。

（TKC会報　一九八一年二月号）

申告書への添付提出を求める「データ処理実績証明書」

はじめに

あれは確か、昭和五十年九月のことだったかと思います。飯塚事件の実質上の敵役《かたきやく》だった大蔵省のYさんが、本省幹部になられて間もなくの頃、突然TKC全国会事務局に電話があり、もうそろそろお互いに和解しようじゃないか、との呼び掛けがあり、わたくしはこれに応じて、東京の料亭で、関東信越国税局の幹部や関東信越税理士会の会長先生や、わたくしの家族も含めて、和解の宴をもったことがあるのです。その時にわたくしは、TKC会計人は真面目に巡回監査をやり、租税正義の実現に邁進しているのだから、全員を調査省略・申告是認あつかいにしてくれませんか、とYさんにお話したことがあるのです。Yさんは、気さくに応諾してくださったかに見えたのですが、二ヵ月位たってから、また連絡があり、「あれから国税庁の担当官に、全国的に調べてもらったんだけれども、TKC会員とは名ばかりで、巡回監査もやらず、だらけ切った人もいることが判明したので、調査省略・申告是認というのは、全体としては、当分無理だね」という趣旨の回答が返ってきたことがあります。わたくしは、日本の税理士が、現行税理士法の欠陥に甘えず、自分を厳しく律して、業務の品質水準を高め、毎月巡回監査を断行して、会計記録の完全網羅性、真実性、適時性、整然明瞭性を確保するよう強力に関与先を指導して、租税正義を綿密に実現してゆく、との方向をとらない限り、国税当局ばかりか納税者たる国民全体からの信頼も薄れ、やがては税理士無用論さえもとび出てくるようになり、大変なことになる、と案じていたものですから、このYさんの回答には冷水《ひやみず》をぶっかけられたような思いがして、何ともたまらない気持ちに突き落とされたのでした。

磯邊律男さんの講演が新たなきっかけに

あれから、もう六年も経ちました。いまや、TKC会員会計人は全国で五千名を超え、しかも毎月増え続けています。TKCの計算センターは、北海道から南九州まで、二十一ヵ所に設置されました。そして今年（昭和五十六年）の三月を期して、TKCの全国の計算センターのコンピュータは、全部が富士通FACOMの大型機に切り替えられ、本社シス研の超大型機M一九〇と合わせて、圧倒的に膨大な能力をもつに至りました。従来、世界一だった西ドイツのDATEVセンターを、その機械設備の量において、そのソフトウエアの品質において、遙かに追い越してしまったことが、IBMのベッチェル取締役によってはっきりと太鼓判を押された段階を迎えたのです。いま、TKCのコンピュータは、本体のもつ膨大な記憶容量とは別に、磁気ディスクの記憶容量だけで、四〇、六〇〇MB（メガバイト）、『TKC経営指標』の昭和五十六年最新版が内蔵するデータの、一八、六〇〇冊分のデータの記憶容量をもつに至りました。全日本の五〇〇〇万を超える全企業の財務計算と経営計算を一括受託しても、まだ悠々たる余力があるのです。それは情熱と執念の成果だ、といえるかも知れません。日本という自由社会の基盤の健全化を祈願し、職業会計人の職域を防衛し、運命を打開してゆく、との捨て身の情熱と執念そのものの凝縮体だ、といえるかも知れません。

この巨大な全国組織の第二十一番目のセンターがＴＫＣ千葉県計算センターなのです。その開設記念式典が去る六月九日に千葉市で開催されました。そしてその記念講演に、前例を破って、わたくしと共に、前国税庁長官の磯邊律男さんが講演をやってくださいました。磯邊さんというお方は、派手っ気のまったく無いお方で、外見的には、淡々とした講演でした。しかしその内容は、烈々たる愛国心と憂国の至情に溢れたものであり、聴く者の胸を深く強く打ちました。特に、個人の実調率が四％前後、法人の実調率が九％前後であり、現在の税務官吏の数をもってしては、いかんともなし難い。独立性のある公正な専門家としての税理士各位に、真の租税正義の担い手となってもらいたいのだ。そうでなければ、国の財政再建などはおぼつかない。こういう趣旨の発言は、来会したＴＫＣ会計人の胸に衝撃的なものをぶち込んだのでした。従来は、ＴＫＣ会計人といっても、国家財政への直接的責任を、ひしと肌に感じながら業務に従事する、との姿勢をもつ者は、極く少数だったからです。それから十日後、ＴＫＣ金融保証株式会社の取締役会の後で開かれた全国の地域会会長の会議で、磯邊発言が議題となり、「どうだ、あの磯邊発言を正面から受けて立とうじゃないか。それがＴＫＣの十数年来、唱えてきた路線だろう」という発言があり、地域会長のなかに異議をとなえる者が一人も無く、「千葉県での磯邊発言が発火点だったんだから、千葉会会長の宮崎さんが選考委員長になってくれよ」との声がかかり、ＴＫＣ千葉会の宮崎健一会長が「よし、それなら引き受ける」と大声一番。それで全国会の大方針が決まったようなわけでした。

選考基準策定の難しさ

書面添付を推進する税理士事務所を作る動きは、従来も札幌、名古屋、福岡等の国税局管内で試みられた事跡はあるようです。しかしそれらは、いずれも中途半端な形になって、徐々に姿を消しつつあるように見受けます。その原因は、その基準が、真に国家を思い、税理士の前途を憂えた結果としての、厳格無類のものではなく、相当程度、妥協的な色彩の濃いものであり、かつまた、アメリカや西ドイツの会計事務所の生態の現況を睨《にら》んだ水準のものではなかった点にあったような、印象です。ＴＫＣ会計人のなかには、「そんな体制を作って、氏名を国税当局に通報するのは、一種の民間人による行政権への介入であって反対だ」という声もあり、また「調査立会報酬で大いに儲けているんだから、そんな体制作りは迷惑だ」という方もいます。わたくし達は、行政に対して、その参考資料を提供するだけで、行政当局に介入しようの何のという着想も権限もないわけですから、それらの批判には耳を傾けないでゆくことにしました。

「データ処理実績証明書」の申告書への添付

選考委員会で各種の選考基準の策定作業が続けられているのと平行して、ＴＫＣ自体としては、その側面援助の手段として、来る十二月中旬から、「データ処理実績証明書」をコンピュータで打ち出して、決算のたびに会員事務所に無償で送付し、申告書に添付することができるようにしました。その証明用紙の内容は二つに区分されます。第一は、その税理士事務所が、関与先の何月分の会計資料を何月何日に電算処理したか、の一事業年度分の明細を印刷した部分。第二は、その税理士事務所が関与先に現に供給していた会計帳簿その他の帳表の範囲が、具体的に何と何であったかの明細の印刷部分です。もちろん、会計帳簿しか交付していない税理士事務所は、選考からはずされるという、選考委員会の選考基準に対応させているわけです。これで、今年の十二月から、予行演習として始める、会員事務所の巡回監査の実況と、関与先経営に対する踏み込み度合いが、センター側からの証明書として出されることとなります。この証明書は、税務申告書に添付することは要請しますが、添付するかしないかは、会員事務所の自由であります。巡回監査の実施内容に自信のない事務所、経理を税務署対策の手段としてのみ位置づけている事務所は、添付しないかも知れません。会計事務所の品質はそのときに当局が自由に判断し対応するでしょう。

（ＴＫＣ会報　一九八一年十一月号）

書面添付推進体制構築を阻むものは何か

はじめに

ものごとの本質を、きっちりと摑める人は、いつの時代でも、少ないのかも知れない。われわれが今、全国的規模で、構築しようとしている書面添付推進体制による調査省略・申告是認の問題についても、このことが、当てはまるように思う。やれ、調査省略という言葉は、税界ではもう手垢がついた言葉なのだから、使うべきではない。いや、申告是認というのは、調査があって初めて決まる事態をいうのだから、調査省略という用語とは矛盾する、などなど。議論空転、時間空費、の観がある。私は、ばかばかしい現象だな、と思う。要は、包装紙の色模様（名称）のことではないのである。中身の商品の品質の問題なのである。調査をするかしないかは税務官吏の自由であって、われわれ税理士の問題ではない。申告是認にしても同様、それは税務官吏側が決めることであって、税理士が決める問題ではない。税理士には、行政への介入権など、爪の垢ほどもないのだ。この点は、西ドイツの税理士法も同様である。

ことの発火点は、前国税庁長官磯邊律男氏の、千葉市における憂国の発言にあったのである。実調率の徹底的な低さである。この国家的な重大問題に、われわれＴＫＣ会計人はどう対処すべきなのか、という問題、ここに中心点があるのである。われわれは、自由社会の健全性の確立を基盤条件として、職域防衛・運命打開を図らんとしている会計人の血縁的集団である。この原点に立ったときに、国家機関および一般社会人から、信頼され尊敬されるに足る会計人になりきって、調査権や申告是認権をもつ税務官吏が、「TKC会計人よ、君たちの申告書には調査の必要を認めないぞ。申告是認と完全同一の取り扱いをするぞ」と、安心して言い放つことができる条件を一日も早く構築すること、この途しかないと決定しただけなのである。

第一の障害物は何なのか

それは、TKC会計人の精神的体質そのものの中にある。いまや、TKC会計人は全国で五、〇〇〇事務所を超えるに至った。皆が「やろう」と本気で決心すれば、現段階で一五〇万企業の完全な財務監査ぐらいは朝めし前である。TKCは今日の事態に備えて、全国五一〇万企業全部の財務計算と経営計算並びに申告書作成を課せられても楽々と消化できるだけの電算機設備とソフトウエアの用意を既に完了した。問題は会員会計人の精神的品質だけにある。

会計人の人間的貧困さについては、アメリカ公認会計士協会の専務理事ケアリー氏(J. L. Carey)も、私の面前で概嘆していたことがある。特に、日本会計人の場合は、関与先に対する独立性を、誇りとする気風をもっていない。独立性の何たるかを、身体で分かってはいない。関与先の指導についても甚だ弱い。職員諸君の指導教育についても及び腰の傾向が強い。租税正義の貫徹よりも、関与先の悦びを尊しとする傾向がある。自分を、学問的に浅い、税務と会計の職人に停滞させている現実に苦痛を感じて、現状克服に奮励する者は稀である。総合的法律知識は貧困そのものであり、特に法律感覚《リーガルセンス》の欠落が目立つ。それだけではない。不退転の確信に満ちた生活を営む者が少ない。孔子は「信無くんば立たず」と叫んだが、生活意識の根底に信をもつ者は非常に少ない。従って、度胸もない。五千を超えるTKC会員事務所のうち、真正A級の判定を受けている者は、いま僅かに二割弱である。

この現状打開は、一朝一夕にはいかないだろう。勿論、後述するように、職業法規の不備や税法等の欠陥の影響も巨大である。ただ笑止千万なことだが、会計人、特に税理士は一般に、税務署をひどく怖れている。これは、逆に見れば貴重な事実である。徳川家康は内外同時の哲理（砕《さい》琢《たく》同時という）を説いたことがあるが、税務署という会計事務所の外部の国家機関が、正確な納税を確保するために、TKC会計人を積極的に激励してくださるとすれば、改革の効果は急速かつ顕著なものがあると確信する。改革の推進が、まさに、内外同時となるからである。改革に応じない者には、税理士法第一条の本旨に照らしても、脱会を求めてゆく他はない。

ところで最近、日共の業界内フロント組織である税経新人会は、その機関誌『税経新報』での表面的なTKC攻撃をやめ、もっぱら、ささやき戦術に方針を変えたようである。いわく「TKCに入ると、いつ除名されるか分からないから、その準備をしておいたほうがいいよ」、いわく「TKCに入ると、あれをやれ、これをやれ、と押しつけられるから大変だよ」など、巧みに表面感情に訴える戦術に、である。除名の条件は、全国会規約に書いてある。共産革命の環境づくりには、われわれは協力しない。国家機関及び社会から尊敬される会計事務所の諸条件は、今後とも模索し採用してゆくことになろう。反国家的、反社会的会計事務所でありたい者は、本来、TKC会員であってはならないだけの話である。これは障害物の変種である。

第二の障害物は何か

それは職業法規をはじめとするわが国の法制の欠陥にある。例えば、税理士法第四五条には「真正の事実」に故意に反した場合の懲戒規定がある。しかし「常に真正の事実に立脚して業務を遂行すべし」との趣旨の、正面からとらえた定言的命題としての義務規定は欠けている。アメリカや西ドイツのように、巡回監査の義務規定が無いのである。この点は、かつて、中曽根康弘氏が筆者に語ったように、戦後のわが国の立法の大きな特徴であり欠陥だ、ということである。この定言的命題としての義務規定を欠くばっかりに、わが国の税理士の大多数者は、月々の巡回監査を怠り、一年に二、三日だけ関与先に顔を出して、コト足れりとする堕落に落ち込んだのである。それでも法第一条の「使命」は果たせるものだ、と当局はお考えなのだろうか。巡回監査を欠落した場合、アメリカの会計士は査問委員会（Trial Board）に掛けられ、除名を含む懲戒を受ける。西ドイツにあっては「職業裁判」（Berufsgerichtsbarkeit）に掛けられた処罰を受けるのである（条文は煩雑を避け省略）。余りにも違うではないか。

次に、例えば、真実記帳の担保条項が欠けていることである。なるほど、商法第四九八条第一項第一九号には「……会計帳簿……ニ記載スベキ事項ヲ記載セズ又ハ不実ノ記載ヲ為シタルトキ」には「三十万円以下ノ過料ニ処ス」との規定はあるにはある。過料（あやまち料）は勿論行政罰であって、刑罰ではない。ただ、この点の所轄官庁がどこなのか、税法にも商法にも、どこにも書いていない。従って、事実の問題としては、記帳に網羅性が欠け、真実の記載がなされていなくても、現実の処罰はなされないのである。こういう珍風景は、文明国中どこにもなく、日本独特のものである。筆者の三十六年間の職業経験によれば、全法人の九〇%超、全個人事業者の九九%は、商法のこの条項に違反している。過料相当である。これを放置しておいて、本気で正しい納税を期待するのは、どだい無茶である。会計人に不真実の会計記録を提供しても、企業者側がなんの罪にも問われないのは、実に日本だけなのである。この驚くべき法制上の欠陥を、急いで是正しない限り、公正なる財政再建は望むべくもない。

中国の古典に学べかし

中国には論語・孟子とならんで日本人の教養に不可欠だった『春秋左氏伝』がある。左氏はいう「徳以施恵、刑以正邪」（徳によって人民に恩恵をあたえ、刑をもって邪を正す）と。そうすれば国民には道徳観念が確立し、国は立派に治まるというのだ。為政者たる者は、こと税に関してもこの中国の古典に学ぶべきではないのか。憂国の勇気が欲しい。（TKC会報　一九八二年二月号）

会計人よ、進路の予見を誤るな

はじめに

人の生きざまは、人それぞれに違いますので、つくづく面白いものだわい、と思う昨今です。例えば会計人の場合、収入を増やそうと考えて、むやみに忙しく働いていることで、自己満足しているお方がいるかと思えば、一方には、独創性ある発展を実現しようとすれば、先ず瞑想が第一だと考えて、会計人の今後の進路、職員教育の品質、関与先の今後のニーズ、世界の会計人の動向などを、がっちりと見定めて、自分の行動の絶えざる修正を図って行こうとするお方も、おられます。

また、中には開業当時の、金銭的に苦しかった時期を肝に銘じていて、相当な発展を遂げたこんにちになっても、金銭の亡霊に追いかけられていて、お金を儲け、溜めることだけに没頭しているお方も見受けます。さらにまた、ある程度、金を溜め込んだので、この辺で乃公もコンピューターのオーナーになってやろうと考え、ＴＫＣが日本の会計人のために、数十億円の研究開発費をかけて開発した膨大なシステム群の活用を軽く見て、ミニコンによって自分の業務を限定しても、おれは喰って行けそうだと考えている。いわば予見力の貧困な、哀れなお方もおられます。

さらにまた、TKC全国会が断固として踏み切った、書面添付推進により調査省略・申告是認を目指す、良質な会計人集団の構築運動についても、「どうせ失敗するだろう」「いやとても乃公には追いついていけない」「そんなことは、夢のまた夢だよ」などと、疑いや、いわれなき自己限定や、使命感よりも、安逸感を重くみるお方や、いろいろなお方がおられます。しかし、この道が自分の本命の道だと割り切って、断固として会計人の生き残り作戦に、情熱をかけ始めているお方も、多くいます。

障害のかずかず

書面添付推進により調査省略・申告是認を目指す会計人となるためには、いくつかのハードルを越えてゆく必要があります。その一つは、職員の問題です。会計人の多くは、職員の錬成と、その定着性の確保とには、必ずしも成功していません。その根本的障害は、会計事務所長たる者の、人間的鍛錬の不足、欠落にあると存じます。多くの会計事務所長は、会計学、税法学、経営学を、少々かじった程度で、早々と自己満足に陥り、自分の生きざまの原理探求を怠る傾向をもっています。生活の原理が無前提的(哲学的)に探求され、確立されていませんので、根底のところが脆弱となっています。幕末の朱子学者、佐藤一斎の著『言志四録』の熟読と参禅とで自分を鍛えた西郷南洲は、時代とともに、人心が軽佻浮薄となってゆく傾向があることを、早くから予見していました(雑賀著『大西郷全伝』参照)。また、同時代の人で、剣と禅で自分を鍛えた山岡鉄舟は「聰明之論（『倶舎論《くしゃ》』の異名・筆者）ハ佛教之礎」と申しております。倶舎論の正式名称は『阿毘達磨《あびだつま》倶舎論』で、古代インドの哲学者「竜樹」と並び称せられる「世親」がその著者であります。この倶舎論全三十巻は日本の国訳一切経に納められており、読み下し本にして約一、二〇〇頁のものです。鉄舟はこれを仏教の基礎だと断定しましたが、果たして日本禅の師家方は、何人位がこれを消化していることでしょうか。筆者は疑問を抱いております。ことほど左様に、人々が軽佻浮薄の度合いを増していっていますので、会計事務所長だけに、突出した成長鍛錬を期待するのは無理かも知れません。しかしながら、租税正義の実現に本気で己が使命を感じ、健全な事務所運営を願う以上は、会計事務所長の鍛錬を、その根底のところで盤石のものとしなければなりません。TKC全国会がいま、全国十数ヵ所の禅寺にお願いして、税法や会計学の勉強の場としての他に、坐禅瞑想鍛錬の場を創りつつあるのは、以上の理由によります。会計事務所長が偉くなくて、どうして職員諸君の満足と定着とを、期待できましょうか。勿論、障害のなかには、職業法規の不備の面も、大きいと存じます。特に職員が所長に無断で、関与先を盗んで逃げたという場合の、法的な規制措置は、日本の税理士法では用意されていません。これが会計事務所長方の心底に、一抹の不安感を植えつけていることも否定できません。職業法規の欠陥は数々ありますが、ここでは主題ではありませんから、省略いたしましょう。

進路予見の素となるもの

いま筆者の手許には、毎月アメリカ公認会計士協会発行の『ジャーナル・オブ・アカウンタンシイ』と、イギリス勅許会計士協会の『ジ・アカウンタント』という週刊の専門誌と、ドイツ税理士の理論と実践の専門月刊誌『デア・シュトイアーベラーター』と、ボンにあるドイツ税理士会連合会の機関誌『ディ・シュトイアーベラートゥング』と、デュッセルドルフで出版されている「ヨーロッパ会計、経済および財政専門家連合」の機関誌『ユー・イー・シー』と、シュトゥットガルトで出版されている経営経済学の研究誌『ディ・ベトリープスヴィルトシャフト』などが、定期的に届いています。筆者はそれらを、世界の会計人業界の動向を探る資料として、使用しているのです。

そしてホントのところ、日増しに強まる日本会計人の水準の、世界の会計人の水準との格差について、長嘆息するこの頃なのです。だんだん開いてゆく、職業会計人の日・欧米間の格差について、焦燥の日々を過ごしているのです。今回、米加の会計事務所の視察旅行から帰ったTKC出版の高橋湞夫（社長）税理士の報告によると、アメリカのアーサー・アンダーセン事務所の研修所は、一年間の職員研修予算が約一億ドル（邦貨で約二百五十億円）だとのこと。もはや、月とスッポンというか、お話にもなりません。それというのも、日本の会計人関係職業法規が、国際性を欠いた奇型的なものであり、特に大蔵省の首脳部には、日本の職業会計人関係法規が、日米通商航海友好条約第八条違反を結果している事実を、殆ど念頭に置いておられないことを、悲しい事実だ、と思っています。

会計人の未来予測義務の法制化

アメリカの公認会計士協会では、『職業専門家としての行動基準書』(Professional Standards)が制定されていること、その最新版が一九八〇年六月一日現在のものであることは、既にご高承のことと思います。その第三巻『会計テキスト』第一〇七二条の第二九項以下に、決算書の付属明細書の開示について、企業実態の記載が詳細に要求されていることは、ご承知でしょう。その第三五項によれば、企業実態の要点開示は、直近の五会計年度分だと規定されていますが、未来予測の要求はまだありませんでした。ところが、ヨーロッパ共同体条約（いわゆるローマ条約）の第五四条の第三項の(g)号に基づいて発せられた会社会計に関する第四号指令は、その第四六条第二項(b)号で「会社の未来展開に関する予測」(the company's likely future development)を財務諸表の付属明細書に記載することの法律化を指令しました。イギリスの一九八一年（昭五六年）会社法の第一三条第三項第二号は、既に未来予測の表示を義務化しており、EC加盟の他の国は、次々と、これらの法制化を実施しています。米国のSECも、方向転換を公表しました。

筆者が恐れるのは、日本会計人の国際的な劣化現象です。調査省略・申告是認を受けられる体制などは、英米独等では当たり前の現象となっているのです。筆者は天を仰ぎ地に伏して祈る。

日本会計人よ、進路の予見を誤るな、と。

なぜ書類範囲証明書の添付が必要なのか

（ＴＫＣ会報　一九八二年七月号）

はじめに

税務調査が行われたとします。そのとき、偽りまたは不実な記帳が発見されたとします。そうすると、税務官吏としては、その偽りまたは不実記帳は、誰の意思決定によって行われたのかを、当然、調べることになります。それは、税務官吏の職務上、当たり前なことです。しかし、ここに重大な問題が二つあります。一つは、わが国の法制上の欠陥です。つまり、わが国の納税者は、破産法第三七四条、三七五条の場合を除いて、真実を完全網羅的に、適時に、そして整然明瞭に、記録することを、法制上強制されてはいないことです。イギリスの一九七六年会社法第一二条、一九一一年偽証法第五条は、ともに不実の会計記録を行った者に、二年以下の懲役刑、または四百ポンド以下の罰金刑、もしくは両罰を併科するとの規定となっています。アメリカの一九三三年証書法（第二条の定義規定からみて、これを有価証券のみに関する法律と見るのは誤解です・

筆者）第二四条は、不実記帳について、五年以下の懲役刑、または五千ドル以下の罰金刑、もしくは両罰の併科を定め、内国歳入法第七二〇六条は、不実記帳、帳簿毀損または帳簿の不呈示について、三年以下の懲役刑、または五千ドル以下の罰金刑もしくは両罰の併科を定めています。カナダの一九八一年所得税法第二三八条は、帳簿の備置義務違反、または不実記帳については、罰金刑および半年以下の懲役刑を定めています。また、フランスの国税通則法第一七四五条は、不実記帳について、三千六百フラン以上三万六千フランまでの罰金刑、または一年以上五年以下の懲役刑を定めています。さらに、西ドイツの刑法第二八三b条は、不実記帳について、二年以下の懲役刑または罰金刑を科すとの規定となっています。わが国の商法第四九八条には不実記帳、または網羅性の欠けた記帳について（第一項第一九号）は、百万円以下の過料に処す、との明文規定は確かにありますが、法文上、その取り扱い官庁の明示を欠いているので、実際には死文と化しています。以上の法律環境の欠陥の結果、わが国の納税者には、真実を、網羅的に記録せねばならぬ、という一種の義務感といいますか、緊張感といいますか、その心理を拘束する要素が欠けています。これは、わが国の法制の重大欠陥の一つだと申せましょう。またさらに、イギリスの一九七六年会社法第一九条は、納税者が監査人に対し真実の会計資料を提出する義務を、刑罰による担保を伴って、規定しています。全く羨ましい限りです。

第二の問題点は何か

それは、納税者が偽りまたは不実な記帳が、税務官吏によって発見されたときには、例外なくといってもよいほどに、自分の無知を装い、責任を自分以外の者、例えば、職業会計人になすりつけるという態度をとることです。この点の指摘に関しては、ハリー・グラハム・ボルター（Harry Graham Balter）という、カリフォルニアの米国租税裁判所判事で、米国最高裁判所の構成員でもある法律家の書いた『租税詐欺と脱税』（TAX FRAUD AND EVASION）という参考書が有益ですから参照されるとよいと思います。私が持っているのは、その第三版で七四〇余頁のものですが、租税刑事裁判の判例を二千二百件以上も収録していますから、大変な力作だといえましょう。その第一四章の一〇一頁以下で、納税者の故意の問題を取り扱い、結局、事実の問題として、会計資料のどこまでを、それと知りつつ、外部の専門家に開示したのかが、責任の分岐点だといっております。そうすると、会計事務所側は、会計資料のどこまでを開示してもらったかを、納税者の署名捺印入りの文書で、もらっておく必要があります。しかも、納税者のために、「会計監査に際し、真実のすべての会計資料を整えて提供することが、納税者の責任であること」を明記した注意書きをつけておき、正副二部を受領し、正は関与先に、副は会計事務所に綴り込み保管する必要があります。それは、開示された資料の限界を示す重大なものですから、漠然とした記録は、絶対に許されません。小切手帳や預金通帳には、先方の了解を得て、一連番号を入れさせてもらい、書類の特定性を明確にしておきます。職業会計人は、関与先とは自由契約であり、税務職員のように「質問検査権」という公権力による強制力は持っていないのですから、職員諸君を刑事責任から守り、ひいては事務所を護るためには、書類範囲証明書などを作っておくしか手がない、と考えたわけでした。これらの書式立案には、ソール・レヴィ（Saul Levy）というアメリカの公認会計士であり、ニューヨークの弁護士でもあるお方の『会計人の法的責任』(Accountants' Legal Responsibility）というアメリカ会計士協会発行の本と、モンゴメリー（Montgomery）の『監査論』（Auditing）第七版が、私には大変役に立ちました。

その効能はどうだったか

昭和三十八年に飯塚事件という特殊な事件が突発したわけですが、私の事務所はこの事件発生の約十年前から、この書類範囲証明書等を使っていました。従って、職員諸君は、それらの使用には慣熟していました。昭和三十九年三月十六日早朝、私の鹿沼事務所の職員約二十名ほどが、逮捕連行され、厳しい訊問を受けました。当時は、約六百件の関与先があり、調査も徹底して行われましたので、なかには、裏預金やたな卸の計上漏れなどが出て参りました。後で職員諸君から聞いたことですが、「検事は『この会社の社長は、そのくらいの裏預金なら作ってもよいと、あんたからいわれたので、この裏預金を作りました、といっとる。ここに、その供述調書もある。どうだ』といったので、『その裏預金通帳には、一連番号が記入されているでしょうか。また、私の事務所では昔から、書類範囲証明書というものを使っておりますが、その証明書には、銀行名、預金通帳の番号まで記載されており、巡回監査に行くたびに、当方の責任が負える範囲は、見せて頂いた会計資料の範囲内に限りますよ、と毎月のように申し上げていますので、いまの点を、お確かめ願えませんか』といったところ、検事さんは、びっくりして、『何!!そんな書類があったのか』といって、暫く探し、『あっ、これか』といったなり『うーん、これじゃあ、君の責任にはならないな、帰ってもよろしい』といってくれたので、帰って来ました」、というような具合でした。

たな卸計上漏れの件についても、飯塚事件突発以前の平穏な段階で、たな卸資産証明書を正副二通作って、関与先代表者の自署捺印をもらい、整然と保管していたので、検事の追及について、右と同様なやり取りがあり、納税者の出していた供述調書が偽りのものであることが、証明されたのでした。私は、職員諸君の報告を聞き終って、わが国の法制の欠陥と同時に、納税者がいかに権力に弱いか、場合によっては、目前の緊張と恐怖から逃れるために、心にもない供述書を書き、夜間に電話で、あやまってくる事例にも数々接して、がっくりしてしまった事を、いまでも、まざまざと記憶しています。

磯邊元国税庁長官の呼びかけに応えて、ＴＫＣ書面添付推進のための体制づくりに、日も夜もない今日この頃ですが、その添付書類は、税理士法第三三条の二の文書を除いて、私の、職業会計人としての血涙の体験を踏まえて、衆知をあつめて開発されたものですから、会員各位は、どうかこれを軽く見ないで、これら文書の作成と関与先の教育啓蒙とに、全力を傾けて頂きたいと念願して止まないのです。

（ＴＫＣ会報　一九八三年六月号）

書面添付推進体制構築上の諸問題

はじめに

書面添付を推進するための税理士事務所体制の構築は、ＴＫＣ全国会にとっては、今年度最大の課題となってきました。法務省がいま商法の第三次改正を企図しており、その狙いが、われわれの目標と寸分たがわないものとして固まりつつあることを、心から悦んでおります。そこで今回は、ちょっとくどいようですが、書面添付推進体制の構築が、期待するほどに進まない原因の分析を試み、貴方さまのご判断を仰ぎたいと考えます。

わたくしは、全国的に見て、書面添付推進体制の構築が阻害されている大きな原因が三つある、と見ております。第一は税理士法の欠陥、第二は税理士法第一条の「独立性」条項の理解不足、第三は税理士先生の人間的素養の問題、の三つです。以下に、この三つを分説させて頂きます。

税理士法の欠陥

昭和五十五年改訂のわが国の税理士法が、立法技術上で拙劣そのものである点については、いままでも度々触れてきました。例えば、その第一条には「申告納税制度の理念にそって」とありますが、一体、これは何を意味するのでしょう。申告納税制度の理念について、法令には有権解釈規定が与えられていませんから、はっきりしたことは分かりません。若しこれが、納税者が自分の所得につき税額までも記載して申告することを意味しているとするなら、そういう申告制度を採用している先進文明国はどこにあるのでしょう。アメリカも西ドイツも、個人の確定申告書に、自分の所得の税額までも記載して出すことを求めてはおりません。要は、この文言は蛇足だということです。「納税者の信頼にこたえ」も同様。信頼の内容が法令で限定されていませんから、「あの先生は、証拠を残さずに巧妙に脱税処理をやってくれるから信頼する」という信頼だって有り得るわけで、全く馬鹿げています。これは「社会の信頼にこたえ」と書くべきだったのです。こんな具合に、現行の税理士法は欠陥だらけですが、特にひどいのは第四五条第一項です。そこには「税理士が、故意に、真正の事実に反して税務代理若しくは税務書類の作成をしたとき」または税理士会の会則違反の行為をしたときは懲戒できると書いてあります。なぜこういう風に、裏側から書いて、正面から書かないのでしょう。例えば、不動産鑑定士の責務について、不動産の鑑定評価に関する法律は、鑑定士は「良心に従い、誠実に不動産の鑑定評価を行う」ことを義務づけています（第三七条）。さしづめ、税理士の場合ならば、「税理士は常に良心に従い、誠実に、真正の事実に基づいて税務代理若しくは……」と書くべきなんです。この条項が欠けているばかりに、日本の税理士の約八〇％の方々は、巡回監査を怠っているのです。政府が税理士の怠慢を放任し奨励しているわけです。西ドイツ税理士法は、税理士に対し「誠実性」(Gewissenhaftig-keit)を、第五七条を始め、七ヵ条で強調しています。もっとひどいのはわが第四六条です。ここでは「税理士が、第三三条の二第一項……の規定により添付する書面に虚偽の記載をしたとき」という無意味な懲戒の脅し文句を挿入したことと、第三三条の二第一項の書面を「添付することができる」と任意事項にしたことです。いったい税理士が決算申告書を作成するに当たって「計算し、整理し、または相談に応じ」ないで、決算申告書の作成ができるとお考えですか。絶対にできません。だったら「添付しなければならない」と何故書かなかったのか、奇怪至極というべきです。この脅し文句と任意性とが、相俟って、添付書類を出す者が、殆ど無くなりました。虚偽記載は故意を要件とし、故意は犯意を意味します。犯意の立証責任は懲戒権者にありますから、本条に起因する懲戒なんてあり得ないのが、一般です。併し、この脅し文句と提出の任意性とが、税理士を逃げ腰にしてしまったことは間違いありません。当局に法の社会形成力に関する自覚が欠落していたと指摘しても、反論することはできますまい。

独立性条項の理解不足

税理士法第一条の「独立の公正な」というのは異例の表現です。普通、公正さ（impartiality）は独立性の主たる内容を成す概念だからです（米国公認会計士協会制定『職業専門家としての行動基準書』ET第五二条第七項参照）。従って、西ドイツ税理士法も「独立の」（unabhängig）とのみ表示し（独法第五七条）、西ドイツの公認会計士法も同一の表示をもち（独法第四三条）、西ドイツの弁護士法も同様であります（独法第一条）。

ただ「監査の哲学」（The Philosophy of Auditing）を書いたイリノイ大学のマウツ（R. K. Mautz）にいわせると、職業会計人の独立性というのは、他の職域に例を見ない性格をもっている、という。つまり会計人は、関与先から契約を解除されるだろうことが分かっていても、その関与先の（不当な）要求に抵抗し、否定する、という義務を果たさねばならない、ものであるという（同書二〇四頁）。日本の税理士は、現状では、そこまでは理解していないようです。やはり「生活が先だ」と考えて関与先の不当な要求に屈してしまう傾向をもっている。わたくしは、開業以来、独立性を堅持してきましたから、断固たる解約処理が意外に多いのです。米国の前記行動基準書でも述べているように（第五二条第六項）、米国でも会員に対する、この点の、不断の教育啓蒙が必要だとされています。人間の弱さに退路遮断の歯止めをかけようとするわけですから。

税理士の人間的素養の問題

わたくしの知る限り、近代において、初めて、人間の知性と行動の選択とは、全然別個のものだ、と説いたのはショーペンハウエルだ、と思います。彼は、人間の行動を選択するものは、人間の「内面的衝動」(innern Impuls)であって、その人の知性ではない、といっています(Arthur Schopenhauer : Sämtliche Werke, Band IV., Cotta・Insel Verlag,五五九頁参照)。この説に触発されたフロイトは、その『精神分析学入門』の中で、人間の意識を、意識、無意識、前意識に三分類し、表面意識は行動を選択するものではない、と断定し「自我は自家の主人公ではないのだ」といいました(Sigmund Freud, Vorlesungen zur Einführung in die Psychoanalyse, Fischer Taschenbuch Verlag,二二六頁参照)。この思想は、現代の大脳生理学に引き継がれ、理解とか創造とかの活動は大脳新皮質系がつかさどり、行動の選択は大脳辺縁系がつかさどる、とし、両者は大脳の中の別個の部位の機能であることを明らかにしました。とすると、どうやって表面意識と大脳辺縁系の中の潜在意識との一致を図るかが、人生の最大問題となってくるわけです。

税理士が最高の業績をあげようとするなら、瞑想という、この費用を必要としない精神の営みによって、長年にわたり潜在意識の中に蓄積されてきた雑念と妄想との塵芥を一掃して、表面意識と潜在意識とを端的に一致せしめる努力が必要であります。それには瞑想の深さだけが必要であって、その時間の長短とは関係ありません。大工さんだった庵原平四郎は、三日三晩の瞑想で悟りを開いたことを白隠禅師は証明しています。巡回監査ができない、職員諸君の教育がうまくいかない、従って、書面添付推進体制が作れない、というのは、その原因を外に求めている態度であり、むしろ先生自身の内的な心の吟味こそが重要でありましょう。書面添付推進体制の構築は正に先生の事務所の生存がかかっていることに気付いて欲しいのです。貴方はどう考えますか。

(TKC会報　一九八四年四月号)

会計事務所四十年

会計事務所開設の頃

最近のTKC入会の会計人には、若い先生がめっきり増えてきた、という話を聞いて、去る四月二十四日の飯塚毅会計事務所創設四十周年記念式典を想い、四十年もきてしまったのか、といま更のように、長い過去を振り返って感懐にふけったことでした。その長い過去を振り返ってみることは、若い先生方には、いくらか参考になるかも知れない、と思い、筆をとることとしました。

それは終戦の年の九月十八日のことでした。リュックサック一つを背負って、足の踏み場もない雑踏の列車を乗りつぎ、私は九州福岡の第一六方面軍司令部の経理部から、故郷の栃木県鹿沼町に帰郷したのでした。階級は陸軍予備役主計少尉、といっても三日間だけ。実は八月一日に遡って、見習士官から少尉に任官させられたわけでした。家には両親と二歳の長男(現ＴＫＣ社長)と妻が待っていました。比較的平凡な復員でした。しかし、出勤すべき職場はありませんでした。問題はここから始まります。昭和十八年四月十日の東部第四〇部隊（旧野砲第二〇連隊）への入隊は、突然の応召の結果だったのです。昭和十四年の四月に東北帝国大学法文学部法科に首席で入学した私は、二番の藤本君（後に戦死）と共に、東大の末延三次先生が下さった末延資金という奨学金（月額三五円で一年間支給）を頂いていたのですが、勢いに乗り過ぎて食事を減らしたせいでしょう、肺門リンパ線を病み病床の身となり、昭和十五年には治癒して日比学生会議に参加し、翌十六年の年末には学生結婚をしたのですが、この年には既に春頃から後頭部神経痛を患っていたのです。昭和十七年には妻が妊娠したので鹿沼に帰し、私は満願寺から縁あって松島の瑞巌寺に転居。はじめは雄島の松吟庵に、次いで三浦承天老師の居室の隣に部屋を与えられて半年間、朝昼晩の、時には真夜中の、一日計四回の参禅生活に明け暮れていたのでした。そこへの召集だったので、就職の機会は持てなかったのです。

復員した私は、年末までの三月半、オックスフォード大学のヴィノグラドフ教授の『法における常識』“Commonsense in law”というテキストを数十回読んだり、宇都宮航空師団の兵器引き渡し業務のため、師団長専属の通訳をやったりしていました。「報酬は要らんから、師団参謀長の専用車で送迎してくれ」というわけで、その間収入は一銭もなし。ただし気分は凄くよかったのです。

明けて昭和二十一年。私には計理士の資格があったことを思い出して所要の手続きを済ませ、布団屋の父の店の右角に「飯塚会計事務所」の立看板を立て、形式上の開業を終えたのが四月一日。ただし、開業はしたものの、お客さんは一軒も来ない。一年間、ただの一軒も客がないのです。泥棒をやるか、闇屋をやるか、どうやって生活するか、ギリギリのところまで追い込まれましたけれども、残念ながらその才能がない。待つ他はなかったのでした。

発展の契機をつかむ・巡回監査とチェックリスト

昭和二十二年に入って、やっと顧問先が一軒できました。有限会社で、当時の資本金は五万円、従業員は二名の木工屋さんです。参考書は、岩波の昭和十七年版の六法全書一冊だけ。登記から税務の申告まで、この一冊だけを頼りに押し切ったのですから、強心臓もいいところだったわけです。そして、この顧問先に全力を投入する、ここに運命打開の道がある、と感じてそのように実践したわけです。しかし、拡大のテンポは実にのろい。思案にくれた或る日のこと、ふと気がついたことがあります。それは、会計事務所の存在は日本だけの現象ではあるまい、英米独仏の自由主義国には皆ある筈だ。とすれば、彼らの発展の軌跡をさぐろう、ということ、そこで急いで上京し、日本橋の丸善に飛び込んだ次第。大佐《おおさ》さんという、入社早々の職員相手に相談を持ち掛け、無制限に会計事務所関係文献を送って貰うこととしました。それによって、何よりも強く印象づけられたことは、巡回監査の位置づけが、特にその重大さに関する制度上の位置づけが、日本と欧米とでは全く違うということと、業務の均質性確保の為にはチェックリストを猛烈活用すべきだ、という二点でした。早速実行に移りました。昭和二十四年の春四月、関与先は法人個人併せて三〇社の段階でした。かくて大発展の時期を迎えたわけです。

第一の試練・全員退職・内部管理の充実を欠く

断行してみて、自分で驚いたことは、顧問先が急激に増えだしたこと。一年間に約五〇社。二年目も約五〇社増という速度ですから、たちまち大型の会計事務所になります。昭和二十六年の十一月には、関与先の数は一三三社でした。拡大に気をとられていて、内部固めを怠っていたのです。十一月の末に、職員のYという男が突然私に、月給を二倍にしてくれと申し出て、それは極端だろう、三割上げろというんだったら話が分かるが、二倍といえば鹿沼市長よりも上ではないか出直せ、とはねつけたところ、別のOという職員から、鬼怒川温泉で慰安会をやってくれとの申し出があり、これを応諾して慰安会をやったところ、翌十二月一日の朝食の時に、「全員退職」の通告を突きつけられ、これをそのまま、受諾したため大騒ぎとなり、こんな筈じゃなかったとか、てんやわんやのようでしたが、後の祭。私とすれば、変な思想にかぶれた者は一人も要らない。全員出て行って結構だ、という態度だったのです。全職員を失った後、私の関与先は一三三社だけが減りました。それからがまた大変。開業したての会計人の第一課題は関与先の拡大、第二は職員の取り扱い問題だったのです。

第二の試練・飯塚事件・所長身辺の絶対清潔が鍵

それから又職員を募集して事務所の再建に没頭し、昭和三十六年になりました。関与先は圧縮して六〇〇社となっていました。この年の春四月に、私の関与先のＡＰＬ（アメリカン・プレジデント・ラインズ）という世界最大の汽船会社の極東総支配人コットン氏宛に所得税の更正処分の通知があり、税務署、国税局、国税庁と遡って調べて行って、大蔵省主税局税制一課のＹという課長補佐から出た私物命令だったことが分かりました。日米租税条約第九条の誤読による、と原因はすぐに分かったのですが、直属上官の面前で生涯の屈辱を受けた、と受けとめたＹ氏は、公然と復讐を誓い、引き続き関信局の直税部長に昇進していたＹ氏は、昭和三十八年二月の国税庁庁議で飯塚抹殺を決定させ、何も知らないＫ国税庁長官を巻き込み、国税庁あげての大討伐戦を開始させ、飯塚事務所の職員四名を逮捕して起訴に持ち込み、調査官動員数は延べ五四〇〇名、家宅捜索は四ヵ所で前後二回、訴訟は延々七年間に及び、全員無罪となったのは昭和四十五年のことであり、長官は昭和四十年二月五日に免官の発表となりました。台風一過、そこで昭和四十一年十月、私はＴＫＣを設立したのです。

第三の試練・またも集団退職

それは昭和四十年一月松の内のことでした。例の訴訟の被告のＴという職員が突然茅ヶ崎宅にいた私に電話で退職を宣言し、被告四名と同調者を語らって集団退職したのでした。それから早二十二年がたちました。私はつくづく、税理士事務所経営の難しさを知らされました。なにが難しいのか。それは人間の扱い方です。大局的に見て、税理士事務所には、青年時代を輝かしい業績で飾った人は来ないのだ、ということです。スピノザがいった「永遠の相下に」この人生をみるような人は、殆どいない、ということです。そこで私は、職員に坐禅を薦め、人生の一回性を説いたのです。ＴＫＣの方は、どうやら、世界のトップ水準にきたのでした。

（ＴＫＣ会報　一九八七年六月号）

一流会計人の証とＴＫＣ

はじめに

ＴＫＣが東証第二部に上場したことによっては、ＴＫＣの創設目的は変わらないが、ここで原点回帰というか、本来の創設目的の自覚強化を迫られている、という感じを抱いています。それは、ＴＫＣ会員会計人の現状認識を踏まえながら、その在るべき映像の鮮明化を図っていかなければならない。と同時に、主として、税法法規の改正原案の策案に、責任を負う筈の大蔵省の事務当局が、余りにも牛歩ぶりを示しており、われわれが、彼らの発見と改善とを待っていた場合、われわれは世界の会計人業界から、大きく取り残されてしまう、という確かな展望とそれに付随する危惧とをいまや払拭できないでいるからです。

ＴＫＣの原点は何だったのか

激甚な技術革新の結果として、会計帳簿の手書きの時代は去ったのである。われわれは、会計帳簿の記帳サービスや、決算申告書の作成提供、という伝統的だがマンネリ化した業務領域にとどまっているべきではない。進んで企業の存続や発展にとっての頼りになる助言者であり、未来像の提供者であり、厳然として租税正義を貫徹し、申告是認率九九・九九％の業務水準を堅持し、われわれが署名捺印した申告書を提出したとき、金融機関はもとより、税務の諸官庁も、絶対安心して、調査等には出向かない。それは職業会計人の社会的信頼を圧倒的に高め、その権威を盤石のものとする。そのためには、職業会計人は孤立していてはいけない。一人の開発した業務用資料は、会員全員のもの、会員全員は一人の会員の安全と発展とに全面的な協力を惜しまない。目指すは、自由主義国家の健全性の助長とその強化とにある。その実現のためには、国会議員諸公の応援にも全力を尽くす。現在はまだ八〇名前後だが、これを一三〇名ぐらいに拡大してゆく。こういったところに本来の原点があったわけです。そのために、TKC税務研究所を作り、数十億円をかけて世界第一級のデータバンクも構築し、TKC会報、職業会計人、戦略経営者、TKC税研時報、TKC経営指標(BAST)等の印刷物も発行してきた次第であり、世界最高の能力をもつ、スーパーコンピュータを、日本全国に二五基も配置する体制を作ってきた次第です。

新たなる前進は何か

さあ、ここでわれわれは、勇断の一歩を進めなければならない。それは、百尺竿頭一歩を進める、ことを意味する。「百尺竿頭一歩を進める」とは禅語である。それは景徳伝燈録に出てくる。「たとえさとりを得ても、さらにそのさとりを超えて、絶対の生きたはたらきの境地に徹すること」(中村元著『佛教語大辞典』下巻、一一四〇頁参照)を意味する。諸兄姉は、世界一のTKC情報センターの会員会計人となられた。ある意味での悟りを得られた。次は、TKC会計人として、絶対の生きたはたらきの境地に徹して、一流会計人とならねばならぬ。さてその一流会計人とは何か、その属性を次に申し上げよう。

一流会計人の属性

その第一属性は、TKCサプライセンターで開発提供している、TKC現金収支日報を、例外なく全関与先に配布し、使用せしめていることである。法人税法施行規則別表二二は、帳簿の記録方法として、現金については、日々の残高を記載、と規定している。ここが脱税勧奨の大関門であることを当局は知らない。これは大正十二年の大審院判例によって「暦日ニ膚接シテ記載スルヲ要セス」とされ、従って日本の青色申告法人は、日々の現金残を皮膚に接するように暦と密着して記載する義務がない。単に諸資料によって、その日の現金残が記載可能であればよいのである。西ドイツ国税通則法の第一四六条第一項の"Zeitgerechtigkeit"「適時性」とはここが違うのである。同条第一項第二文は、こう規定している。"Kasseneinnahmen und Kassenausgaben sollen täglich festgehalten werden."「現金の入金と現金の出金とは、日毎に、確証されていなければならない」と。これが西ドイツ所得税法第五条第一項付属の施行規則第二九条によって、より精密に規定されている次第である。この点は、日本税法の大欠陥であり、われわれは、最早改正を待ってはいられないのである。日報は日々の金種の残高を表示する点に重大な価値が含まれているのである。

第二の属性は、月々巡回監査を例外なく断行していることである。勿論、客観的に巡回監査を必要としない業種や規模の企業や事案は別である。西ドイツ税理士法第五七条の"Gewissenhaftigkeit"「誠実性」とは、西ドイツ民法第二七六条第一項における、「取引上要求される善管者の注意義務」とは比較さるべくもない高水準の誠実さであり、それは、自己の良心から、自己批判に堪えられる程度の監査の実施態度を求められるものである（Steuerberatungsgesetz mit Durchführungsverordnungen, Kommentar von Dr. Horst Gehre, 1981. S. 217 参照)。アメリカにおいては、巡回監査の義務はＡＩＣＰＡの『職業専門家としての行動基準書』第一巻、監査部門第三一〇条に規定されており、それは不意打ちの監査を含む（同条第八項）という猛烈なものであり、ドイツ税理士法の監査義務よりも厳しいもの、というべきである。その違反に対する懲戒条項は大項目で一四ヵ条、小項目で四十数ヵ条に及び、除名処分を含んでいる（BL Section 701~770, 1980 参照)。欧米の会計人社会では、規律が厳格であればある程、業界の権威を増すもの、との理解が一般化している。日本には、この見解がない。

第三の属性は、財務五表以上を使用せしめていることである。取引における真実を、正確に記帳することを、当然のこととして日本の税法が要求してはいない、即ち、白色申告制度を容認しているからである。こういう国は、世界の文明国では、日本だけなのである。従って、日本会計人は、総勘定元帳や、貸借対照表や損益計算書だけを、関与先に供給し、又は、調整させる、というやり方で、自分及び関与先の経理事務の良質性を確保乃至担保したとすることは出来ない。勿論、商法第四九八条第一項第一九号には会計帳簿を含めて、かかるものへの不実記載につき百万円以下の過料に処す、との行政罰の規定はある。しかし税法はこれを無視している。のみならず、現実には、この罰則規定の執行機関がなく、罰則適用の実例を欠き、事実上空文化している。だから、ＴＫＣ会計人は、財務三表の使用に止まっていては、一流会計人たる取り扱いには値しない。不実記帳防止への眼光がないからである。

第四の属性は、電算機会計実施に「第三者証明」が添付されていることである。パソコン使用の会計人は、第三者証明の欠陥現象を逆用し、そこに逃げ込んでいる。それは会計人業務が反国家性を内蔵していることを意味している。ＴＫＣが無償提供している「データ処理実績証明書」は、その会計人の良質性の度合いを立証しているのである。会計人は、これを申告書に添付する勇気と良心とを持たねばならない。然らずんば廃業すべきである。

第五の属性は、税理士法第三三条の二第一項の書面添付の実践である。計算し、整理し、相談に応ぜずして申告書の作成は不可能なので、これを任意事項としたのは、立法の誤りであるが、虚偽記載には懲戒が伴うので（第四六条）これを避止する傾向がある。が、会計のプロは避けるべきではない。以上五点の属性を備えた会計人にはＴＫＣ全国会から一流会計人の証を謹呈することとする。自利利他の哲学実践は無論のこととすべきである。

（ＴＫＣ会報　一九八七年九月号）

ＴＫＣ会計人は今、企業経営者の期待に如何に応えるべきか

本題に入る前に

皆さん既にご承知のことと思いますが、私はことしの十月十日に米国のニューヨーク大学で「監査の新時代と日本の会計制度」と題した講演を行います。当日は米国のＦＡＳＢのバーレスフォード議長も一緒に講演することになっています。この方は米国No.１の会計学者ですから、私としても非常に力が入っているのです。先日、丸善に立ち寄り米国の各大学の「監査論」に関する書物を百四十冊ばかり注文してきました。相手が相手だけに、こうして研究を重ねているわけです。そういう理由で、今日の論題にはあまり手が回らなかったというのが実情です。皆さんはお仲間ということで、正直なところを申し上げました。まず初めにお許しをいただきたいと思います。

それでは本題に入ります。

１　企業経営者の期待には、多様性があり、階級性がある。

多様性があるということは、誰しも気づくことですが、重要なのは、階級性がある、ということです。そこで経営者を階級別、つまり小規模、中規模、大規模と別けて見てみましょう。

私の開業四十四年の経験からしますと、小規模経営者は一般的にいうと近視眼的です。また、どちらかというと即物的です。はたまた脱税指向的です。はっきり確認しておきますが、全員が、ということではありませんよ。

さらには、小規模の経営者の方の中には、世界全体が自分の儲けの為だけに回っていると錯覚していらっしゃる方もおられます。大間違いです。こんな経営者ばかりだと、当方も何のためにこの職業を選んでしまったのかと嘆くことになってしまいます。

これが、中規模経営者になりますと、いくらか変わります。望蜀の感覚を持っておられます。望蜀とは「後漢書」の「すでに隴（ろう）の国を得てまた蜀の国を望む」から出た言葉で、一つ望みを遂げるとその上の望みを放胆に持つこと、つまりは欲望に限りがないことです。そういう感覚でいると同時に、僅かながら脱税指向も持ち合わせています。

大規模経営者になりますと、かなり特殊性が出てきます。つまり、我々会計人と接触する窓口に立つ人の性格、人柄というものに拘束され勝ちだということです。

以上のように私は、関与先には大きく分けて三つの階級性がある、と思っています。それをふまえた上で、賢い会計人は顧客を厳しく選別することが重要になってくるのです。つまりは、会計人は高次元の行動基準を持っている必要があるということです。ダボハゼ的に来る人全てを顧客として受け入れると没落の道を進んでしまいますよ、ということです。会計人だけではなく弁護士も同じです。

そこで、いざという時にお金の目的だけに突っ走らない、自己抑制ができる態度がとれるよう日頃から自己鍛錬をしておく必要があるのです。

2 第一の要件は、関与先に絶対的な安心感を与えることである。

先生方はいかがですか、関与先に対して絶対的な安心感を与えていますか、と聞かれるとちょっと怪しいのではないですか？

関与先に対して絶対的な安心感が与えられるかどうかは、職員教育の巧拙によって、決定的な段差が生じます。会計事務所は特にそうです。弁護士事務所とは比較になりません。なんとなれば、弁護士事務所では法廷に立つのは弁護士先生だけですから。それにひきかえ、会計事務所では、職員諸君が巡回監査をし、決算書を作ったりしているのですから。

だからこそ、会計事務所では、職員の教育の巧拙でその事務所の運命が決まってしまうのです。会計事務所が顧問先に対してその期待に応えるべく助言サービスを行うためには、職員教育も含めた事務所そのものが盤石の態勢に立っていなければいけないのです。そのためには、所長さんがしかるべき立派な人物でなければならないのです。

職員教育のポイントは、巡回監査チェックリストの段階を半年に一段ほど上がるくらいのペースがいいのではないかと思います。私の事務所では六段階目のものを使っていますが、何の下地もない事務所で一遍にここまでクリアしようとするのは無理があります。職員さんは大いに負担を感じ、退職してしまうという事態が起こります。段階を徐々に上げて、いつの間にか実力がついていたというように職員教育を進めることが大切です。

そして、法律は税法が基本であるが、その知識だけでは危険であるということを知っておくことです。税法は、法の特殊領域だから、それだけで武装ができたと考えるのはあまりにも軽率すぎます。

さらに、ニューヨーク大学のディモック教授の事務管理の要諦を実践することです。ディモック教授はその著「The philosophy of administration」の中で職員教育にあたっては、非常に重要な要素があると書いています。例えば「うちの所長は私の成長や幸せを心から祈ってくれているという実感を職員が持っているか、もしそういう実感を職員が持っていないようであれば、貴方の事務所の運命は知れていますよ」というのです。もっともです。ところが、そういう実感を職員諸君に抱かせていない事務所が意外に多いのです。お互いに反省しましょう。

関与先に絶対的な安心感を与えるためには、決算書の品質を無限大に高め、絶対的な権威を持つことも必要です。先生方にお伺いしますが、毎月の決算申告書の品質向上を常に考えていらっしゃいますか?

私の事務所では、決算申告書の審査委員会制度を設けています。三、四名が委員になり担当者を前にして徹底的に苛めるが如くに内容をチェックしていくわけです。全ての決算書はその〝弾幕〟を越えないと申告できないような仕組みにしてあるのです。一方、決算書の担当者はそれをくぐり抜けないと自分の責任になりますから、目の色が変わります。皆さん方もそのように具体的な方法を研究される必要があります。

会計事務所がそのように決算書の品質を無限大に高めた次に重要となってくるのが、絶対的な安心感を持てる関与先を厳重に選択するということです。完全性宣言書の提出を拒むような所はピシャッと解約してしまうことです。それができるかできないかが運命の分かれ道になるのです。強度の欲望を持つ人には、必ず強度の不安感があり、そういう人はどんなにサービスに努めても絶対的な安心感の上には立ってくれないのです。だから、そういう人は、申し訳ないけれどもお断りするしかないのです。

3　第二の要件は、企業の安定と発展への最高の助言者になることである。

言葉では簡単なようですが、実践するのは容易ではありません。まず、世界経済と国民経済および個別経済に対する正しい理解者たり得ているか、と自問することです。国民経済学的な知識、あるいは経営経済学的な知識、あるいは世界経済の動きとかいうものに正しく対応していくだけの知識を涵養しているかどうかが重要だということです。

次に、助言者は、猛烈な勉強家でなければなりません。これは、絶対的にそうでなければなりません。しかし、ただ勉強するだけではなく、助言者は、洞察力と先見力とを兼ね備えていなければなりません。その能力兼備の要点はカントの言った先験的意識(transzendentales Bewusstsein)

の発見と習熟とにあります。カントは『実践理性批判』の中で「先験的意識に気がつくと人間は己そのものの中に無限の可能性があることを知るに至る」と書いています。

結局我々は、我々における先験的意識はどれだ、というのを発見しなければならず、発見したならばそれに習熟しなければならないということです。そこに至らない人はヴェーダ哲学がいうところの守銭奴の姿勢になるのです。

さらに助言者は、勇気の人でなければなりません。勇気の人でない人に、真に正しい助言活動などできるはずもなく、顧問先を叱ることのできる人でないと、真の助言者とはいえません。怒るのではありません。叱るのです。それができるかどうか、ということです。

では、勇気の人とはどういう人かというと、曰く、無畏の人のことです。無畏とは「虚空蔵菩薩経」に「大身を現ずれば、……無畏を施す」とあり、つまりは危機一髪の逆境のときに淡々とした平静な心境でいられる、ということです。

無畏の人になるにはどうすればいいかというと、それは自分の本心を発見しなければなりません。この本心の発見とその習熟、それが人生最大の課題である、ということです。

4　第三の要件は、職業会計人の正当業務の範囲を正しく理解し、機に応じて、円滑に、期待感に応えてゆくことである。

米国会計事務所の正当業務については、米国の公認会計士協会（ＡＩＣＰＡ）が発表したリストを『飯塚毅会計事務所の管理文書』第三版、四六七頁に掲げていますのでご参照下さい。

ここには二十項目があります。その五番目には「弁護士選択の指導」とあります。これは会計人としては絶対に必要な指導です。それができるためには日頃から弁護士と付き合い、その先生の得手不得手を摑んでおかなければならないということです。

さらに九番目には災害保険契約締結の指導とあり、十九番目には生命保険（事業保険）契約締結の指導と書いてあります。これらの指導は全て職業会計人の重大な任務であり正当業務なのです。そのことをお忘れなきようにお願いします。

なお、この米国の正当業務をみて驚くのは、だいぶ日本の税理士・会計士の報酬規定とは違っているということです。税理士の立合いのことなど掲げていないのです。そんなことは問題ではないのです。要は、提出した決算書を税務署が最敬礼して受け取ってくれるかどうか、ということだけなのです。

今日申し上げたかったことは、要するに皆さん方が関与先に絶対的な安心感を与え、最高の助言者となるということです。そうなれば、関与先は先生方の事務所から絶対に離れてはいきません。また、ＴＫＣ会計人は、そうならなくてはなりません。

〔第七回ＴＫＣ全国役員懇話会「飯塚毅会長講演」速記抄〕〔ＴＫＣ会報　一九九〇年九月号〕

ＴＫＣ会計人への警鐘

ＴＫＣの身辺に、いま、何が起きているか、を考えよう

平成二年も年末に近づいた十一月中旬に、私の手元にアメリカの会計事務所から一通のファックスが届いた。それは、ラヴェンソール・ホーワス（Laventhol Horwath）会計事務所の倒産を告げる緊急電報だった。ラヴェンソール・ホーワスといえば、世界で七番目に大きい、ホーワス・インターナショナル会計事務所の議長を出しており、アメリカ公認会計士協会の副会長でもあるバーンスタイン氏の所属する会計事務所である。米国で第七位。わが監査法人ＴＫＡは、その提携会計事務所なのだ。

その電文によれば、ラヴェンソール・ホーワスは、一度に三件の総額二十億ドルに及ぶ損害賠償訴訟事件に見舞われた、とのこと。その二日後には、また、アメリカのウォール・ストリート・ジャーナル誌のコピーが電送されてきた。同新聞は同様にラヴェンソール・ホーワスの倒産を報ずるものであった。えらいことになったものである。たしか一九八七年九月、アメリカのシカゴで、ホーワス・インターナショナルの世界代表者会議があったとき、私は日本の代表として出席したのだったが、会議の息抜きの慰安として、世界の代表者千数百人を、ミシガン湖上の周遊に

誘い、終日接待してくれたのが、このラヴェンソール・ホーワス会計事務所だったのである。一万トンからの巨大客船上での接待は、豪華を極めたものだったが、無償でそのホスト役をつとめてくれた会計事務所が、いま、突如として倒産の憂き目に遭ってしまったのである。人事の無常を痛感するものである。

私は平成二年の十月十日に、ニューヨーク大学で「監査の新時代と日本の会計制度」と題して、一回目の講義を行ってきたが、そのテーマのポイントは、米国の会計人はいま損害賠償訴訟続発の嵐の中に立たされているが、それを克服する方法論をもっていないではないか。米国の会計人は、この点で東洋の思想、とりわけ五千年前のインドに於て解明され文書化された「先験的意識」(transcendental consciousness)を自覚発見し、これに馴熟すべきなのだ、というものだったが、それがズバリ的中してしまったのである。ラヴェンソール・ホーワスは、この損害賠償の訴訟の嵐の真っただ中で倒れたのである。監査の未熟と助言の過誤による。

ＴＫＣ会計人は、これにどう対応すべきか

日本はまだ訴訟過剰の段階には来ていない。おっつけ日本会計人の環境も、米国並みになることは避けられないと思う。日本の企業経営者の甘さに便乗した日本会計人のだらし無さが、いつまでも続けられるとは想像できない。ＴＫＣ会計人は、いまこそ、この流れの先を読んで、武装を早々に完備しておくことが肝要である。ここで会計人の業務を二つに分けて考えることが大切

だろう。一つは、帳簿及び決算書作成の援助業務であり、もう一つは、純然たる監査業務である。この二つは、分けて考えてゆく必要がある。心の機能面が違うからである。

先ず、帳簿及び決算書作成援助業務だが、会計人の依頼者が、「うちを担当する会計事務所を、騙しおおせられれば大丈夫だ」という、前時代的な駆け引きに浸っている間は、会計事務所側のだらし無さもまあまあ許されてゆくだろう。問題は、徐々にではあるが、依頼者側が会計資料の真実を正直に出した方が、結局は得だな、と考え始めて、その方向に動いてきた時である。そうなると、会計事務所側のだらし無さは、依頼者側にとっては堪え難い障害に見えてくる。一年間に二、三日程度来てくれるだけで、毎月きちんと来て仕事をやってくれるわけではない、という程度の事務所は、早々とお払い箱になってゆく。そういう事務所は、国際水準からみれば、会計のプロとはいえない事務所であって、廃業すべきが当然の事務所なのである。いま、北海道から沖縄まで、そういう事務所の消滅の風潮が、一巡しようとしているが、まだまだ数多く残っている。TKC会計人は、巡回監査を徹底して、だらし無い会計事務所との相違を、際立《きわ》てて、社会に見せつけてゆく必要がある。大蔵省が、どこかに護送船団意識を残していて、目に余るものではない限り、税理士事務所の在り方を、大目《おおめ》に見てゆく、特に、税理士会との円満な関係保持のため、税理士会の役員は、さらに大目にみる、との態度を続けるとすれば、大蔵省は税理士全体の堕落のために大いに力を尽していることになる。かつて東京国税局長時代の矢澤富太郎氏（現、太田昭和監査法人の会長）が、TKC会計人の大会にやってきて、「皆さんは税務会計のプロなんだから、プロらしくやってほしい」と衝撃の言を吐かれたことがあったが、それは全く当たり前のことを、当たり前に述べただけの話である。大蔵省が、会計事務所の実態調査を本気で徹底してやると、申告水準は、俄然急上昇するのは、目に見えている。それを徹底してはやらない、という点に保身一途の臭気を感ずるのは、僻目《ひがめ》だろうか。ＴＫＣ会計人は、進んで、税務当局に、事務所の実態調査を要請すべきである。堂々とその体制を見て貰って批判を請うべきである。

そして何よりもまず、プロとしての申告是認体制、書面添付体制の確立断行である。それは、税務署から申告是認を受けられる体制を自ら作ることであって、そんなことを、税務官庁に要求すべき筋合いでは、全く無い。書面を添付したのだから、当然申告を是認すべきだ、などというのは未熟な発想で、問題外である。私の現在の最大の痛恨事は、書面添付体制の確立断行をやったＴＫＣ会計人が、全体の二割に達していない事実である。私は国会を始め、関係当局を説得して、当面、最低限三万人の公認会計士を、一九九二年末までに、日本に造出することが、ＥＣや米国との均衡からして、日本に絶対必要だと確信する。西ドイツは一九八五年末に、「会計指令法」を制定し、その中で公認会計士法を改正し、従来の簡略試験制度を一挙に拡大して、公認会計士大量造出の道を開いた。この具体的立法例は、日本も進んで見習うべきものだ、と確信する。税理士の公認会計士協会への大量進出は、協会の役員構成に重大な影響を与えて混乱を招くから反対だ、という論をなす者がいると聞く。そういう、空中の塵埃《じんあい》（ちり、ほこり）程度の小人物は、どこの団体にもいるではないか。吾人は、明治の高山樗牛《ちょぎゅう》にならい、すべからく現代を超越すべきである。人生最大の価値基準は、大局観と本質観の能力なのである。イギリスの人口は五千数百万、公認会計士の数は十万人超である。それがイギリスの社会構成の重要な要素となっている。ここから我々は深く学ばねばならない。日本は、いまや、世界の一等国である。社会構成の在り方で、世界に範を示すべき段階にきているのである。小さい自分の財布の中ばかりを、覗《のぞ》きながら無為につっ立ってばかりいることを、世界が許さない段階にきているのだ。

公認会計士の絶対数を増大すべきことは、いま日本の緊急事であるが、もっと重大なことは、本格的な会計人がなかなか育たない点である。それは一にかかって会計事務所長の教養の貧困に由来している。日本の大多数の会計人は、会計学と税法に通じていれば足りる、と思っているらしい。会計学は、事務所健全発展の原理を教えてくれるのか。税法は、人心掌握の要諦を教えるか。曰く、否であろう。とすれば、イリノイ大学のリトルトン教授が叫んだように、広大な教養と実践力の涵養こそが会計人の根本問題である。TKC会計人の公認会計士で、職員が短期間で退職してしまい、事務所の恒常性が保てない、と嘆く人が結構多い、これが真相である。

特に顕著に目立つのは、会計人の心中深く盤踞する恐怖心と、貫徹力の欠落現象とである。畏れの心を持たない会計人は、殆ど見当たらない。彼らが主として畏れるのは税務署であり国税局である。何を畏れるのか、私には良く分からない。想像するに、恐らくは、自分の行動と自分の在り方とに絶対の確信が持てない点から来るのだろう。そこに恐怖心の源泉があるのだろう。税理士ならば、租税正義の貫徹に絶対の信念を貫く点がポイントなのだ。その点であやふやなら、恐怖の影は常時つきまとう。貴方はそういう人生を選択なさるのか、はた又、心中に一点の曇りも無く生きられる人生を選択するのか。心中の深い所での、この原始的選択が会計人運命の分岐点である。ＴＫＣ会計人中に、書面添付完全断行体制に入っている会計人が二割とはいない現実の真相は、ここにあると思うのだ。そんなことで、これからの世界の会計人に堂々と伍して行けるのか。

殊に困ったなと思うのは、貫徹力の貧困である。直観的にＴＫＣの卓越性を感じて、入会して来るのは良い。そして、システムの全貌を掌握し吟味して、その足らざるを痛感して脱会する、というのなら良い。その哲学体系の貧困を発見して、愛想がつきて脱会する、というのも良い。そうでは無くて、目先の浅薄な打算から、自分はもう充分にＴＫＣから栄養を吸収し終えたと勝手に錯覚して、より安易な、金銭獲得の途に走るという軽薄の徒が如何に多いか。そして、何がしかの暗夜行路の後に、再びＴＫＣに舞い戻る「本質的な痴人」が如何に多いことか。釈迦は、「但し痴迷無知の者を除く」といった。愚痴と迷いとに明け暮れて、真の英知を身につけようと努力しない輩《やから》は、たとい釈迦でも救えない、と告白しているではないか。貫徹力こそ、人生の成果の原動力。それは情熱である。これが対応策である。

（ＴＫＣ会報　一九九一年一月号）

イメージ形成が決め手だ

社会的イメージが事務所の運命を決める

会計事務所の経営者や幹部従業員にとって、自分の事務所の社会一般からの評判が、盛衰の決め手になる、ということは他から言われなくても、とっくに分かっていることと思う。盛大であれば、職員諸君の待遇、とりわけ給与は、良くなってゆくし、衰亡の方向に向かっていれば、それらが悪くなってゆくことは、火を見るよりも明らかだ、ということである。結局、それは事務所の社会的なイメージの問題だ、ということである。筆者の経験からすれば、事務所の所在地の銀行が顧問先を、次々と紹介してくれるようになったとき、「ああ我が事務所のイメージも高まってきたな」と実感したのだった。現に筆者の事務所の近くに、さる会計事務所があったが、いつの間にかその事務所はさびれていって、姿を消してしまったことがあった。店をたたんでしまったのか、他所へ引っ越したか、したのだろうと思う。栄枯盛衰は世の習いというが、事務所にとってみれば、それは決して天然自然の現象ではないのであって、事務所経営者の必死の努力と比例関係にあるのである。ここが分からないと、「どうしてだろう」と首をかしげながら、没落消滅の悲運に泣いてしまうという次第である。

ＴＫＣ会報は、統括官以上には、全国に配布されている

今全国には六百ヵ所弱の税務署が、配置されている。その各税務署には、何名かの統括官がいる。その方達から上の方々には、国税局、国税庁を含めて、毎月このＴＫＣ会報が送達されている。従って、ＴＫＣ会計人の実況は、かなりな程度、国税当局には、掌握されていると知るべきである。それは「光明に背面無し」という雲巌寺の故植木義雄老師の遺訓を実践している結果でもある。他の人達には、なかなか理解して貰えない風景かも知れないが、ＴＫＣは創設以来、その経営や運営には、裏も表も全くないのである。完全に透き通しなのである。それは、ＴＫＣ創設以来、もう二十六年にもなるが、ＴＫＣ会計人の全てのお方に、『飯塚毅会計事務所の管理文書』と称する四百余頁の文書が配布されているのと、同じ思想によるものである。人生は一度しか無い。しかも甚だ短い。釈尊が嘆かれたように、それは百年とはないのである。従って、エゴイズムに浸っている時間的余裕がない。だから、ご縁があってＴＫＣ会員になられた会計人には、筆者の会計事務所経営に関する研究成果の全てを残らず開放して、共に、発展の栄光を担って頂きたい、との念願から発する実践なのである。

だが困ったことに、ショーペンハウエルが叫んだように、「人間は誤解と錯覚を好む動物なのである」(Sämtliche Werke, Band IV : Parerga und Paralipomena. I, 三七五頁以下)。物事の本質を見抜く人は、異常に少ないのである。それは職業会計人ばかりではない。政治改革を念仏の

ように唱える政治家が、いかに改革点の発見実践ができないか、を想えば納得できよう。錯覚とエゴイズムに心中を掻き乱されているので、ものの本質が見えないのである。従って、同じ参考資料を渡されていても、同じように発展の栄光には到達し得ないのである。それは自心探求を第一とする青年期の修練が欠落していたからである。本物を信じてかかる素直さに欠けているからである。それは運命かも知れない。しかし、幸いにも「運命は改善し得るものなのである」(Das Schicksal aber kann sich bessern.前掲書三八〇頁)。自分の運命改善の努力を払わないお方は、釈尊といえども、治癒し得ないお方である。没落も致し方ないだろう。ここに、没落への道をとるか栄光への道を辿るか、心をこめて選択するべき分岐点があるのだ。

書面添付実践者の氏名は、定期的に税務当局には知らされている

税理士法第三三条の二の書面添付実践者の氏名は、定期的にＴＫＣ会報に掲載されて、全国の税務署の統括官以上の方々に知らされている。それがいやだからと、ＴＫＣを脱会する会計人もいる。ＴＫＣ会計人は、日本会計人の模範集団として、白日の下で堂々と業務を遂行すべきなのであって、隠れてこそこそと稼ぐスタイルを採ってはならないのである。だから、全てを他に知られても差し支えない会計人でなければならないのである。だが、そのためには、所長たる者の側に、大変な忍耐と計画性とが要請されている冷厳な事実を知らねばならない。忍耐とは、主として職員諸君の成長度合いの鈍《のろ》さへの寛容の心の堅持に象徴される。ここを踏み誤って、職員全

員の一斉退職を招いてしまった会計事務所は五指に止まらない。計画性のポイントは、約半年を基準として、職員諸君の業務水準のレベルを、徐々に上げてゆく配慮の実践のことである。所長たる者は、はやる心を抑えて、職員諸君に殆ど気づかれない穏やかなスロープを描いて、職員諸君の実力を上げさせてゆかねばならないのである。絶対に、他律的に、急成長させようとしてはならないのである。我らは全て凡人である。凡人には、急激な変化への対応力はない。それを知らずに、敢えて、急激な変化への対応を求めると、必ず、妄想と激越な反動とを招くものと、心得ておかねばならない。当然ながら、それは所長の言葉のみで事を済ませてはいけない。必ず文書化し、事務所の制度と化し、その制度の固定化を待たねばならない。ＴＫＣ会員七千事務所のうち、巡回監査体制が出来上がっていない事務所が六割を超えているのは、前記の忍耐と計画性の必要が、本当には理解されず、納得されていない結果だろうと思う。税理士をめぐる法制の不備については、別の機会に論ずることとする。

データ処理実績証明書は、担当税理士に対する第三者証明なのである

ＴＫＣは既に何年も前から、データ処理実績証明書を、各関与先毎に、その決算申告の都度、ＴＫＣ会員会計人に交付して、申告書に添付して税務署に提出すべきことを促す、との態度をとっている。それは、法制上、添付提出を義務化されたものではない。それはＴＫＣが会計事務所専門の計算センターとして、データ処理を行った会計人事務所の業務の品質水準を、第三者とし

て証明し、その権威を補強する、との狙いを持つものである。これは全国七千の会員会計事務所に例外なく交付されている証明書である。この証明書の添付は強制はしないが、添付して提出したほうがよい、と考えているものである。各税務署の統括官が明眼の士であるならば、この証明書を一見して、一発で調査の要否が判定できる、そういう証明書なのである。それは、担当税理士が、この関与先について、必要にして充分な経理・税務の指導をやっているかどうか、毎月キチンと監査に訪れて、真正の事実にもとづく業務処理をやっているかどうか、を証明する文書だ、と理解される筈である。それが解らない程度の、知能水準の低い統括官は、日本の税務署にはおられない、との前提に立っているのである。ところがである。TKCが折角、時間と費用とをかけて作成交付しているこの証明書を添付提出しない会員会計人が、全会員の七〇%近くもいる、ということらしい。これは驚きに堪えない事実だ、と言わねばならない。その原因は何か。いわく、巡回監査体制に入っていないから、ということだろう。ちゃんとした巡回監査体制に入っていて、良質の業務遂行をやっていて、その上で、データ処理実績証明書だけは添付提出しない、などと考えている会員会計人はいない、と考えられる。なぜかなら、自ら求めて、私は尊敬され信頼される会計人とは見られたくない、と考える会員会計人は、一人もいない、と断言できるからである。

では、結局の隘路は何なのか

真の隘路は、日本会計人の哲学の貧困、教養の貧弱さにあるように、筆者は感じている。嘗つて、イリノイ大学のリトルトン教授はその名著『会計学随筆』、五五五頁（Essays on Accountancy P.555）で喝破した。「会計人に緊要なものは、会計学の理論や税法の技術ではない。分厚い教養と広大な実践力なのだ」と。それは、会計学や税法の技術などは必要ない、と言っているのでは無論ない。そんなものは、基礎のまた基礎であって当たり前の素養であり、それで事足れりと思ったら大間違いだ。それらの基礎を踏まえた上で、遙かにそれらを超えた教養と、そして、教養だけではなお駄目なのであって、その知識と英智とを果敢に実践の中で展開できないようならば役立たずの、木偶《でく》の坊に過ぎないことになるぞ、と言っているのである。筆者がこのことに気づいたのは、リトルトン教授のこの本に接する前の、開業（昭和二十一年四月）直後のことだった。そして、カント、ヘーゲル、ショーペンハウエル、ニーチェの諸作品やプラトンの著作等を貪り読み、さらに印度のヴェーダ哲学、ウパニシャッド、各種の仏教教典をひもといて、自分の無学を痛感し嘆いたものだった。広大な先輩達の見識に接して、自分の無知・無学を激烈に痛感したこと、そのことがその後の勉強に非常な励みとして機能したのだった。

一番難しいのは無畏の心の入手だった

阿含経を読んで驚いた。二十九歳で宮殿生活を棄て密林に入って修行した釈尊の最初の難問は、自分の心の底に巣食っている恐怖感を払拭克服することだったのである。彼はあらゆる工夫をこらして、この問題と取り組んだ。法華経にいう「不自惜身命」である。文字通り命をかけないと、この難関は突破できないのである。彼の数千年にいきる教訓の源泉は、この無畏の心にあった。かく申す筆者もこの難問の突破に満六年を費やした。ここが解決していないと、リトルトンの言う会計人の実践力は出てこないのだ、碧巌録の第七則にある「声前の一句、千聖不伝」の関門を透過しないことには無畏の心は見えてこない。会計人は一丁前になるために、本格的な人間修練が要請されているのであった。

（TKC会報　一九九二年六月号）

世界の第一級の会計事務所を目指す

先ず職員の性格を見極めること

会計事務所の経営で一番悩まされるのは、職員の人事のことである。特に職員の性格の問題が大問題である。筆者は今年の四月一日で、開業満四十六年になるが、この問題では悩まされ続けてきた。どうにもならないな、という場面を幾度も経験した。困ったことに人間は嘘をつく動物なのである。同時に、日本人は直ちには本音を言わない傾向が強いのである。筆者にはこんな経験があった。昭和二十年の秋、筆者は宇都宮航空師団の米軍への兵器引き渡し業務について師団長専属の通訳を勤めたことがある。ある日、師団の兵器部長（大佐）と共に米軍の司令部に出頭し、業務開始の第一回打ち合わせ会を開いたときのことである。会合の開会劈頭《へきとう》に米軍の将校が声を強めて言った。「日本人は二枚舌だから注意しろよ」と。私はギョッとする衝撃を受けた。これが日本人の特徴として米軍一般に理解されていたことなのか、と。日本人一般は、なかなか人に本音を言わないのだ。これは、これからの国際社会では通用しない、と考えてゆくべきであろう。心してかからねばなるまい。ショーペンハウエルは、その全集第四巻の『生活智への箴言《しんげん》』（Aphorismen zur Lebensweisheit）の中で「性格というものは絶対に修正できないものである」

(Der Charakter ist schlechthin inkorrigibel.)(Cotta・Insel社版、五四二頁)と確信をもって断言しているが、そうなると早期に職員の性格を見抜いて、処置をとっておく必要がある。事務所が特定の職員の性格の犠牲者になってしまっては、身も蓋《ふた》もないからである。かく言う筆者は、この経験を食傷するほどなめてきた。じゃあ、次に、内密な選考を終わった職員諸君を、どう方向づけて行ったら良いのか。

世界の第一級会計事務所はどうやっているのか

職員諸君の行動を所長が監視している、という体制は絶対に作ってはならない。これは鉄則である。職員諸君は職場で、自由を満喫していなければならない。ということは職員諸君が野放図に放置されていてもよいという意味ではない。われわれは会計や税務のプロであるから、プロらしい統一された行動の基準を持っていなければならない。そこに、事務所の方針書や各種の基準書が策定され定着していなければならない必然の論理がある。それはできる限り明確に文書化されていなければならない。世界の先進文明国の会計事務所が、脳漿《のうしょう》をしぼっているのは、まさにこの点である。かつて昭和三十七年九月、全日本計理士会の同志達十数名と、カナダやアメリカの会計事務所を歴訪したことがある。そのとき、ある訪問先の会計事務所で、その事務所の業務執行基準書を見せられたことがある。同行の会計人の一人は、これは凄いと思ったのか、むんずとばかりに手を伸ばして、これを取ろうとした。訪問先の会計事務所の幹部は、大声を上げてこれを制止したので、その基準書は破られてしまった。同行の日本会計人は、それが自社の運命を賭けて作った貴重この上ない基準書なのだという理解を欠いていたのである。この日本の会計人は、アメリカの公認会計士協会（AICPA）が出版した参考書（Accounting Practice Management Handbook）を読んではいなかったようであった。アメリカでは当時、方針書や基準書の一揃いは大体十万ドル位で取り引きされていたのである。TKCに入会した会計人は、入会後の実地講習に当って、一様に『飯塚毅会計事務所の管理文書』と称する四百余頁の参考文献を渡されるが、大方の先生方はその値打ちに気がついていないようである。それは会計事務所の経営にとっては、一番大切な虎の巻なのである。勿論それは飯塚の個性に沿って作られたものだから、他の個性によるものがあっても一向に差し支えない。ただご自分の事務所経営の重要な参考文献として取り扱って頂きたい、と念願しているのである。

世界の第一級の会計事務所の所長は業務の第一線には出ていない

アメリカ、カナダ、イギリス、ドイツの会計事務所の中の第一級の事務所は、所長が業務の第一線に立っていない点が、明白な事実である。所長が第一線の業務に手足を取られていては、事務所全体としての戦力の向上、とりわけ理論水準の高揚は、期待できない。従って所長たる者は、事務所全体の業務の品質管理と学理の研鑽に没頭できる体制を持っていなければならない。単純な帳面屋に堕在しているもの、または、安直な金儲けに耽っている者は、真正な意味での職業会計人だとは言えない。ドイツ税理士法では営利事業活動（eine gewerbliche Tätigkeit）は禁止されている（第五七条第四項第一号）。ドイツ公認会計士法も同様である（第四三条第三項第一号）。アメリカでは法律にこそ無いが、非常に厳しい倫理綱領（Code of ethics）があり、厳格な懲戒規定がある（AICPA Bylaw Section 7.4.740 参照）。では日本の場合だが、方針書が作られ、各種基準書が整備されていて、所長は第一線業務に手足を取られていない状態ができていれば、それで良いかというと、そうはいかない。そこには、日本人の国民性への配慮の必要という問題が横たわっているからだ。

褒賞懲罰委員会制度の創設と活用ということ

日本の社会は欧米のような契約社会ではない。ここが違うのだ。日本人は生き馬の目を抜くという驚くべき素早さと、同時に明治の横井小楠が嘆いたように、箸にも棒にも掛からない無原則な特性をもつ国民なのである。ルールがあるから、これを守るのだ、という観念は殆どといって良いほど無い。シートベルトの着用問題で全国的に実証できたように、何らかの処罰が伴うことになると大多数の運転者が自動車のシートベルトを締めるようになるのである。会計事務所の経営に於ても同一の原理が機能する。所長による行動監視よりも、同僚職員による相互監視のほうが被害意識は少ない。職員諸君の自由選挙によって褒賞懲罰委員と委員長とを選出させる。褒賞事項と懲罰事項とは、職員諸君の自由な討議によって制定してもらう。但し、褒賞事項の方が多く、懲罰事項は少なく制定しなさい、と注意しておく。時間を待って、この制度が円滑に動くように誘導する。この委員会は毎月一回開催するようにする。委員会の審議決定の結果は、文書で報告するように、用紙を印刷して交付しておく。かくて、職員諸君は、何の被害意識も持たずに、事務所のルールを完全に近く遵守するようになる。

さて職員の給与問題はどうする

毎年のように、所長が鉛筆をなめなめ、職員諸君の給与を決める、というのは望ましい光景ではない。筆者は三十年以上も前に、この体制を廃止してしまった。幹部職員の給与は、賞与を含めて職員による完全自動計算体制に入った。助手職員の給与は幹部会議の決定に一任した。結果はどうか。職員諸君の給与水準は、いつの間にか、近隣の会計事務所の職員の給与の二倍以上の水準に達していた。そのせいだろうか、勤務年数が二十年以上三十年を超える職員が十数名にもなってしまった。その人達が事務所の業務水準を支えているのである。ところが東京には、職員が二年とは居てくれない、と嘆いている公認会計士が相当いる、との話を聞いた。結局それは、深い人間学的な要因によるもの、と思われる。とても巡回監査体制の構築とか、書面添付体制の断行とか、TKC全国会が追求している会計事務所の在り方とは、無縁なものとなってしまっている。ではその原因は何か、といえば、これを要するにイリノイ大学のリトルトン教授の教えを、素直に心底に受け止めてはいない結果だ、としか言いようがない。つまり、会計学理論とか税法の知識やテクニックを知ってるだけでは問題にならないのであって、広い教養と分厚い実践能力とを養ってきていたのかどうか、ということが分岐点になってくるのである。千二百年前の昔、臨済禅の始祖、唐の臨済義玄禅師は「荒草嘗って耕《す》かず」と他を評したことがある。草ぼうぼうの荒地で未だかつて耕したことが無い人だ、というのである。少しばかりの会計学の知識と税法の計算技術とを心得ているだけで、心田は草ぼうぼうに放置されていて、未だ嘗つて耕されたことがない状態だ、ということだろう。この世の中に、なぜ哲学や人間学や倫理学が必要な学問として存在するのか、分からない、という人達であると認められる。いまTKC全国会は、大同生命や、東京海上、同和火災、興亜火災の各社から、全国五十万社の関与先について、企業の防衛とリスクマネジメントの運動を実践し、全国会所属の会計人に、一年間で約百五十億円ほどの代理店報酬を支払って頂いている。ところが、この代理店報酬獲得に目がいってしまって、関与先完全防衛の本旨を忘れ去っている会計人が相当数いるという現実がある。関与先完全防衛の眼目は、イギリスの会計事務所の如く、その事務所が責任をもって署名した決算申告書は、所轄税務署がこれを重く尊重して、調査をしないという体制になっていなければならない。この体制構築を無視して、保険契約の獲得に走っているとすれば、それは本末顛倒であって、また何をか言わんや、ということになる。馬鹿もんは筆者だけかと思っていたら、夥しい馬鹿もんがTKC全国会にもいたのだった。

徹底的にＴＫＣのシステムを使い切る、これが要点だ

会計事務所所長が第一線の業務に手足を取られない状態。それは会計事務所が自己運動を始めている状態である。こうならないと、会計事務所の真の健全な発展は望めない。これが世界的に見た第一級の会計事務所の在り方である。こうなった時に、会計事務所は貪欲に構えて、ＴＫＣのシステム委員会が開発してくれた全システムを利用する体制に断固移行することが肝要である。ＴＫＣのシステム委員の先生方が、無報酬で実務の経験に即して作ってくれたシステムは膨大なものがあるが、その全部を事務所が使っている体制は、世界トップを行く体制なのである。それはＩＢＭ本社の取締役ギュンター・ベッチェル氏が、かつて長期検討の結果、遂に帝国ホテルで公表された所見なのである。各位は、溢れるほどの情熱と確信とをもってこの道を邁進すべきではあるまいか。

（ＴＫＣ会報　一九九二年七月号）

衆議院予算委員会での意見陳述など

私はＴＫＣ全国会会長の飯塚毅であります。

ＴＫＣ全国会とは、全国約七千二百事務所の税理士・公認会計士が、自主的に、即ち法的な強制を受けることなしに、結成している民間の任意団体であります。その目的とするところは、日本職業会計人の職域防衛と運命打開であり、その基本理念は、自利利他、即ち、自利とは利他をいうとの実践哲学を媒介とする租税正義の実現であります。その組織が結成されたのは一九七一年、今年はこの全国会創設以来二十三年目にあたります。このＴＫＣ全国会は同一のメンバーを以って、ＴＫＣ全国政経研究会という政治結社を構成しており、その目的は国民経済の健全な発展と繁栄とに立法領域をとおして貢献してくださる国会等の議員諸公を支援して当選を確実ならしめ、以ってＴＫＣ全国会の目的理念の実現を図ろうとするものであります。

さて、平成六年度の国家予算案でありますが、その内容は膨大且つ多岐にわたっており、与えられた意見陳述のための時間二十分間では、その全領域について意見を申し述べることは、ほとんど不可能であります。よって私は、租税正義の実現という角度から、この予算書を眺め、意見を申し述べたいと存じます。

まず第一に申し上げるべきは租税教育についてであります。国の歳入予算は租税収入と国債収入とによりますが、その大宗を成すものは租税収入であります。この租税を、国家権力による無償の財産権収奪と受け取るか、または、国家という運命共同体の共益費（会費）の分担と理解せしめるかは、最も重大な根本問題であります。現代の民主的諸国家は、租税を国家という運命共同体の共益費の分担と位置づけ、これを国民に教育いたしております。その教育は、勿論、小学校、中学校、及び高等学校で行われるべきものであります。

例えば、アメリカの初等教育第三学年は日本の小学三年にあたりますが、この学年の教科書「コミュニティーズ」（共同社会）を見ますと、税金の種類説明、レシートによる図解入りで、売上税についても具体的に説明しています。我が国の小学三年の教科書を調べましたが、税金についてほとんど解説がないのが現状です。消費税導入後、税金に関する国民の関心が高まっている今日、納税は社会がなり立つための基盤的ルールであるといった観点や税金の使途を具体的に説明するといった教育が必要だと考えます。

さて、教育を担当する国家機関は文部省であります。では、平成六年度の国家予算案において、我が文部省の予算は、この租税教育という最も重大な国家の根本問題について、どういう態度で臨んだか、でありますが、残念ながら、その基本的態度を推知するに足る痕跡を表示してはおりません。心底から情けないな、と感ずる次第でございます。

第二に、予算との関連における税法のあり方の問題でありますが、世界の税法学界に於けるナンバーワンの人物は、ドイツ・ケルン大学の前教授ティプケ（Dr. Klaus Tipke）だとされておりますが、この先生には『租税正義』（Steuergerechtigkeit）という名の著作があります。その一一頁には「ペレルマン氏の六原則（Die sechs Regeln Perelmans）」というものが掲げられています。租税正義には六つの原則が含まれている、というものであります。その第一に来る原則が「全ての人に公平であること」（Jedem das Gleiche）という原則だとされています。税法は、何よりもまず全ての人に公平の原則が貫かれていなければ、それは租税正義を貫いたもの、とは言えないということです。その角度から吟味してみますと、現在の消費税法は、簡易課税制度の採用、諸外国と比べて高い免税、という二点から「益税」を生み出す仕組みを残している限りにおいて、国民の負担の公平を正しく実現しているものとは申せません。租税正義の理念とは相反しているということになります。議員諸公はどこを向いて立法に従事しておられるのですか、と問いたいところであります。

第三に、現在は長期間に及ぶ不況下にあります。このような不況下において、不公平税制を正すことなき、性急な消費税率のアップには反対であります。そこで、この段階で最も重要な国家の基礎的条件は、納税額計算の前提となる会計帳簿の記帳義務の徹底ということであります。我が商法はその第三二条で、会計帳簿と貸借対照表の作成義務、並びに公正なる会計慣行斟酌の必要を定め、第三三条で整然且つ明瞭な記載義務を規定し、第四九八条第一項第一九号で、会計帳簿に記載すべき事項を記載せず、または不実の記載をなしたるときは、百万円以下の過料に処す、と規定しているだけであります。実質は、たった三ヵ条であります。

これに反してドイツでは、一九一九年制定のライヒ国税通則法第一六二条、一九七七年改訂の現行国税通則法第一四六条は、共に同一文言で、会計帳簿は、完全網羅的に、真実を、適時に、かつ整然明瞭に記載しなければならないと定め、ドイツ商法第三八条、現行ドイツ商法第二三八条は正規の簿記の諸原則に基づく帳簿記帳の義務を定め、ドイツ財政最高裁判所は、その正規の簿記の諸原則を判決の形でこれを解明公表し、その数は現在約五百判例に及んでおり、これが税法施行規則の主要部分を形成いたしております。

一方アメリカはどうかというと、一九八六年内国歳入法第四四六条で「一般に認められた会計の原則」(GAAP)を定め、その明細を、内国歳入法施行規則第一四四六条の一に委ね、更に一九三三年の証券法及び一九三四年の証券取引法は、各々前者は法第一九条、後者は法第一一条及び第一七条によって、担当委員会に会計に関する規則制定権を与えており、その規則の違反者に対しては五年以下、または二年以下の懲役刑、あるいは五〇万ドル以下、一万ドル以下、または五千ドル以下の罰金刑を科すこととしております。その条文集は、ハーコート・ブレイス社(Harcourt Brace & Company) 出版のものでも一九九四年版は厚さが四・二センチメートルもあります。頁数は実に一千頁を超えております。

ＥＵ加盟十二ヵ国を含むヨーロッパの会計基準手引書は、一九九二年に「ハーコート・ブレイス・ヨヴァノヴィチ出版社 (Harcourt Brace Yovanovich, Publishers)」から出されておりますが、その総頁は一千六十七頁もあるのであります。

一方アイルランドの首都ダブリンにある「ラファティ出版社」が発行し世界の七十数ヵ国で読まれている『国際会計短信』(International Accounting Bulletin) によりますと、「日本の商法改正は必ず失敗する」との予言が公表されています。その理由として掲げる事項は二つ、一つは日本政府の行政機関の縦割り体制、二つめは、商法改正の素案を作成する法務省の参事官室には会計学の専攻者が一人もいないという事実。これを指摘しております。世界の眼は、日本の法務省の参事官室にまで及んでいるのであります。

こういう体制では、記帳義務の徹底を図るための商法改正は、現状では、絶望的であります。特に虚偽や不真実記帳について、我が国には破産法第三七四条及び第三七五条の場合を除いて、刑罰規定が皆無である点が重大な問題であります。アメリカでは、内国歳入法第七二〇六条が、虚偽記帳を殺人罪または放火罪なみの重罪 (felony) と規定し、三年以下の懲役または一〇万ドル以下、会社の場合は五〇万ドル以下、の罰金もしくは両罰の併科と定めており、フランスの国税通則法第一七四一条は、五年以下の懲役または二五万フラン以下の罰金または両罰の併科と定めております。さらに五年以内の再犯の場合は、十年以下の懲役または三六万フラン以下の罰金または両罰の併科の他、市民権の剝奪となっています。日本の所得税法第二三一条の二は記帳義務を定めていますが、刑罰による担保規定は全くありません。こんなことで、いったい健全な国家体制がつくれるのでしょうか。

第四に、我が国の税務行政にあたる現在の職員数では、脱税者、無申告者、過少申告者の把握は、ほとんど不可能に近く、捕捉率の極端な低下をきたす原因となっているのではないでしょうか。これを防ぐためには、ドイツ税法の如く、市町村役場の職員を煩わして、住民の身分登録及び事業登録を実施すれば良いものを、と思うのでありますが、所得税法第二三五条第二項が折角あるのですから、これを有効に活用し、積極的にこのような調査をやって貰って差し支えないものと思うのですが、国税庁長官は何をやっているのでしょうか。

第五に、全ての人に公平に、という租税正義の原則を貫こうと思えば、脱税防止のための一方策として、コンピュータ会計法の制定問題は避けて通れないものと考えます。私は福田幸弘国税庁長官時代に、ドイツの連邦法及び各州の州法の全部、厚さにして約八センチメートルのコンピュータ法の全文を約三ヶ月の間長官にお貸しして、その研究をして貰ったのでありますが、残念ながら彼が参議院に出て亡くなられた後、全く音沙汰なしの状態が続いております。世界でコンピュータの設置台数が一番多いのは勿論アメリカでありますが、日本は世界第二位の設置台数を誇っております。世界の先進文明国中で、コンピュータ会計法を持っていない国は日本一ヵ国だけであります。諸外国のコンピュータ会計法を見ると、納税者の会計記録の作成の要件及び保存すべき対象物の範囲が定められています。また、正規の簿記の原則を適用し、会計記録の作成が、真実を、網羅的に、適時に、かつ整然明瞭に行われるよう規定されており、取引に関する電磁的会計記録はすべて、原始記録及び内部、外部の証憑に、または逆に最終合計金額に向かって追跡できるように設計するよう規定されています。私は日本のこの現状に気をもんで、税務大学校の元副校長だったＴＫＣの税務研究所所長の野田司君に依頼してアメリカとドイツのコンピュータ会計法をつき混ぜて、良いところを抽出し、日本の現状に合わせるべく日本向けコンピュータ会計法の素案を作成して貰い、これを一千部印刷に付し、それを国会の先生方及び大蔵省に配布したのでありますが、大蔵省は所管が他省庁に及ぶということを配慮したのかウンともスンとも反応がありません。また、国会議員諸公は、憲法第四一条は見て見ぬ振りで、自ら立法を行うことはせず、九九％を官僚に委せてしまっているように見えるのですが、邦家のために困ったものだと思います。実はコンピュータというのは凄い能力をもっていまして、これを動かすプログラム如何んによっては、会計記録が如何ようにでも変えられるのであります。はじめに記入した会計記録が具合が悪ければ、数字をきれいに入れ替えて、しかも証拠を全く残さないこともできます。脱税志向者にとってこれ程もの凄く有り難い武器となるものはありません。明治の横井小楠が日本人は箸にも棒にもかからない無原則の国民だと嘆いたように、これの利用法を知ったら、多くの人が簡単に脱税処理の名人になることもできるのです。最高に便利だが、最高に危険な道具であります。だから世界の先進文明国は競ってコンピュータ会計法を作って、世の悪徳経営者に悪用されないように処置しているのであります。我が国の大蔵省や国会がコンピュータ会計法を制定しようとしないのは、租税正義を貫徹しようとの意識などは、本当のところ皆無のためではないのか、と案じられる次第であります。

最後に、平成六年度の税制改正要綱についてでありますが、アングラマネーの防止策としての国民総背番号制の採用は、もはや緊急の施策の内に組み込まれるべきものと考えられるのですが、これが欠けているのは、租税正義貫徹への見識と、何よりも勇気を欠くもの、と感ぜられる次第であります。残念至極の一語に尽きると存ずるものであります。

以上で終わります。

〈平成六年六月三日衆議院予算委員会公聴会にて公述〉（TKC会報　一九九四年七月号）

第四章

職業会計人の心と洞察力

職員は利己心の道具に非ず

我が国の税理士又は公認会計士事務所で、職員の練成を考える場合に、この職業上の倫理規定や法的責任の問題や、職業技術上の知識の訓練だけに問題領域を限定してしまって、果たして良いものかどうか、は非常に問題があると、私は考えています。それは、日本人の特殊性の認識を置き忘れていやしないか、と思うからです。

一般に、学校や家庭から職場に送り込まれてくる人達を見ておりますと、その殆ど全部の人が、心の拠り処というか、信ずるものを持たない人達です。その時々に、心に浮かんだ僅かばかりの想念の中で、ひとつまみの合理性だけを頼りに、日々の実践方向を決めてゆく人達ばかりのように見えます。それは日本の家庭や学校が、信仰とは無縁なところで営まれてきているからでしょう。その結果でしょう、国際比較的にみると、日本人の無原則性や、軽躁性というものが目立ち、職員練成上の大きな壁となっていると、私には思われます。ここを正しく捉えないと、職員練成の問題は、失敗の連続による絶望的な問題領域となってしまいます。

また職員の練成は、当然に、所長先生からの、ある種の要求の提示とその反応の過程としても眺められるわけです。所長先生の要求の提示が、所長先生の内心の打算、利己心からの要求という性格をもっていますと、錬成は職員には逆作用として働き、所長先生に対する情緒の安定性破壊をもたらしますので、注意を要します。職員の錬成は、徹底して、職員本人の正しい成長を祈る立場で貫かれる必要があります。職員は所長の利己心の道具ではないからです。

ところが、この点では、失敗している先生が圧倒的に多く、職員錬成に成功している先生は非常に稀なようです。それは、所長先生が、発想の利己的性格に気付かれない結果が多いと思われます。人間は他の生物の生命を奪わずには生きてゆけません。また多少の利己が無いと生きてゆけないわけです。然しそのことは、実践の原点に常に利己心を秘めていて良いということではありません。利己心を超克した透明な愛で職員の錬成に当らないと、職員は心服してついて来ません。では、所長先生さえ透明な愛をもてば、職員は必ず心服するかといえば、そうでもありません。三五歳の釈迦が五人の弟子に離反されたこと、更に、一時に五千人もの弟子に造反されたことは、『法華経』に記録されて今に残っています。釈迦でさえ、そうでした。ここに人間社会の面白さがあると思います。

とまれ、相手の状況がどうであれ、所長先生だけは、飛び抜けて、自己の錬磨をやりとげておく必要があると、私は感じています。中国の荘子と老子、印度の『ウパニシャッド』と『バガバドギータ』、ギリシャのプラトン、そしてバイブルと『コーラン』、更に禅の祖師の語録、それらは貴重な研鑽素材でしょう。結局は道元の「心身脱落、脱落心身」に帰着するようです。それが今の私の生活の原点なのです。

（TKC会報　一九七三年六月号）

会計人と宗教（一）

会計人にとって宗教は不要である。宗教なんか無くたって、会計人は困らない。現に、イギリスのノーベル賞をもらった哲学者バートランド・ラッセルは、宗教不要論を書いているじゃないか。マルクスは、宗教を阿片だと言ったじゃないか。日本国憲法だって、国立、公立の学校で宗教教育を禁止しているほどだ（第二〇条③）。コンピュータ会計の普及運動に当って、宗教論を振り廻すなんて、言語道断だ。会計人にとって宗教は不必要なんだ、という議論がある。私は是に全面的に賛成である。全くその通りだからである。

併し、宗教と宗教的信念とを混同して貰っては困る。意味を自分でも分っていないお経を有難そうに読み上げて、お布施をたんまり貰って生活してゆこうとしている、いわば寺院経営者の生活手段としての宗教なんて、糞喰らえだ、と叫ぶのも正しい。いわゆる宗教家と称する者の中に、宗教らしい宗教が皆無に近いことも、現代の真実である。ベーベルの『婦人論』をひもとくまでもなく、現代に至るまで、世の宗教家がいかに堕落してきているかは枚挙にいとまが無いほどである。会計人にその意味では、宗教は無用のものである。

繰り返すが、宗教と宗教的信念とは違う。バートランド・ラッセルも、宗教的信念の無用論を展開したのではない。会計人が、会計人として本当に成功するためには、畏れの無い心と直観力

（モンゴメリー『監査論』一五～一七ページ参照）とが絶対に必要であることを、否定する者はいまい。ここが問題なのである。

畏れの無い心とは、不安感や恐怖感や迷いの心がないことをいう。直観力とは、判断の積み上げを媒介としない対象掌握の能力をいう。この二つのもの、即ち、畏れの無い心と直観力とが、共に会計人の成功の絶対的要件であるとするなら、われわれ会計人は、この二つを、どうやって手に入れたらよいのか。ここに、宗教的信念培養の場があるのだ。会計人は税務官庁を始めとし数々の利害関係人の注視の中で仕事を進めねばならぬ。其処には、無数に近い迷い、悩み、恐れ、不安の要素が絡んでいる。会計人は日常多発する事実判断、法理判断の的確性だけが、おまんまの種だ。虚偽、錯誤、脱漏は、常に外面が糊塗されており、虚偽です・錯誤です・脱漏が有ります、などとは何処にも書かれていない。従って、優れた会計人は、常に事物の真相を徹見できる鋭い直観力をもっていなければならぬ。この畏れの無い心と直観力という、最も重大な徳目については、いったい何処で教えて貰えるのだろう。税法学の中に在るか。無い。会計学の中にあるか。無い。民法の中に在るか。無い。監査論の中に在るか。無い。世界的に有名なモンゴメリーの『監査論』は、成功する会計人の条件として直観力の重大性を指摘し乍ら、その培養の方法論は、どこにも書いてくれていないのだ。

畏れの無い心と直観力とは、会計事務所長のみに必要な徳目で、職員諸君には必要ない徳目か。いや、とんでもない。事務所が拡大すれば、会計資料の全部に、所長が目を通すことは事実上不可能となる。そこで米国では各種の業務管理方式を開発した。併し、管理方式がどんなに優れていても、業務担当の職員に、所長同様、畏れの無い心と直観力とが欠けていたらどうなるか。事務所は常に累卵の危機に立つ他はない。ここにTKCが、会員会計人に対し、繰り返し、宗教的信念培養の必要と方法とを叫ぶ所以がある。

その際、最も重大な事実は、畏れの無い心と直観力とが、共に、人間の主体の側の条件のことであり、人間にとっての客体、即ち、心の対象的領域の問題ではない、との事実である。現代人は、認識の対象、心の対象領域の論理と知識しか、一般に、学んでいない。主体の条件に関する教科目が、小学校から大学まで欠落しているのだ。TKCが、他の誹謗を省みず、会員会計人のため、その成功のために懸命に叫ぶ所以がここにある。

（TKC会報　一九七四年二月号）

会計人と宗教（二）

会計人にとって、畏れの無い心と直観力とが、その成功の絶対的条件であるのなら、この二点を学ぶ素材は何処に在るのだろう。それが、広義の現代科学書の中に無い、とする点については、何人も、これを疑うまい。何故かなら、自然科学・人文科学を引っくるめた広義の現代科学は、それが全て、人間の認識対象の中における論理、その法則性と体系性の追求に主たる関心が注がれており、その対象を対象として見る側の消息については、全く無縁な態度をとっているからだ。では、われわれ会計人はどうしたらよいのか。

答えは簡単である。広義の現代科学以前の人類の残してきた財宝、即ち、古典の中にこれを探してみることだ。

古代史の教える所によれば、中央アジアの今で言えば南部ロシア地帯から発した民族が西南地区に流動し、ナイル文化、チグリス・ユーフラテス文化、古代インダス・ガンジス文化を形成した。それらの内で、文献が今日まで残っているものと言えば、ギリシャ哲学、『旧約・新約聖書』、回教の『コーラン』、印度の古代哲学、特に『ヴェーダ』『ウパニシャッド』、ヒンズーの原典『バカバドギータ』、及び仏教の教典ぐらいだろう。更に、中国の黄河地域に淵源した独特な中国文化の古典、『易経』や老荘の作品や儒教の書物などがある。これらの原典を一通り吟味してみることだ。この点に、いち早く着目して厖大な古代文献を渉猟し、道徳科学の論文一一巻を書き上げた廣池千九郎先生こそは、その見識と業績とにおいて現代日本最高の人物の一人だと称しても過言ではあるまい。筆者は幸いにも、中部地区の河合、上内の両会員先生から、その全巻の御恵贈を賜り、これを通読して仰天するほどの感銘を与えられたのである。

勿論、筆者の主眼とする所は、人間における主体的なるものの内容探求に在るので、廣池先生とは若干その視点を異にする。筆者は浅学非才であって遠く廣池先生の学識に及ぶ者ではないが、会計事務所開設から既に二十八年になんなんとし、少暇を盗んで前記諸文献を一当りしてみる機会を持った。そして結論を言えば、人類文化史上最高の人物として釈迦の存在を感じ取った。ロンドン大学の有名な歴史学者トインビー博士は聖フランシスコと釈迦との二人を掲げている（毎日新聞社版『未来を生きる』三二五ページ）。

トインビー博士は、「自己中心性から自らを解放した人物」として、前記の二人に最高の人物像を見られたようである。筆者は僭越であるが、釈迦が自己の主体を空であると見究め、而もその空の観念すら空じて、その空が一切の現象的万物と相即の関係にあることを如実に確かめ、空が色と異ならず、色が空と異ならずと実感しつつ、絶対の愛の中で生き得た点に無上の尊さを感得する者である。自我が空であることを現認できている者にとっては、「万象来たって我れを証す」との道元の告白は、至極当り前のこととなってくる。自我が本来「空」であり「無限定的なるもの」であることの確認さえ出来れば、自我忘却を説くこと自体が、いまだ自我の実相発見以前の次元のものとされざるを得ない。そこには、当為の観念の機能する余地は無く、事実確証の有無の問題だけが横たわっている

今から一三七〇年ほど前の中国において、吉蔵という坊さんが書いた『三論玄義』という書物は、釈迦以前の印度哲学の弱点を指摘し、老荘周易の未到底を論破した点で、驚くべき見識の書であると思う。前記する所と直接の関係はないように思うかも知れぬが、心ある会計人の、一読を密かに期待したい。

勿論、自性が本来空であり、又は、無であるとの端的な探求は、坐禅・瞑想を最短の距離とする。これを真実に確証したとき、諸兄の心には畏れの心が無くなっていることを識るだろう。そして、盤珪禅師が喝破したように、この無心の境地から全てのものを見た時に、諸兄は「心肝徹見」の霊妙な直観力が、いつの間にか己れに備わっていた事実を発見するだろう。宗教は要らぬ、宗教的信念は別だと叫ぶ所以である。

（ＴＫＣ会報　一九七四年三月号）

職業会計人とエゴ

はじめに

職業会計人てなんでしょうか。その学門的定義は学者先生にお願いすることとして、少なくとも職業会計人の範囲は、税理士・計理士・会計士補及び公認会計士の資格を有する方々だと考えます。一部には、税理士は職業会計人ではないとの説をとる人達もおります。ただしこれは、明白に間違いでありります。なぜならば、昭和四十年三月の法人税法・所得税法の大改正の結果、法人税法第二二条第四項には「一般に公正妥当と認められる会計処理の基準」との文言が入り、そして所得税法施行規則第五七条には「正規の簿記の原則」との文言が挿入され、税理士法第二条の業務が、形式的には税法又は税務の文字しか用いていませんが、実質的にはその税法が前記のような文言を包摂しており、公正なる会計慣行といいますか、会計の諸原則と申しますか、そういうものの実践と遵守とが税理士の責任事項として税理士法に明定されているからであります（第四六条第一項）。税理士は、一般に公正妥当と認められる会計処理の基準、又は、正規の簿記の原則を正しく遵守しなかったときは、前記の法令遵守義務の違反者として、懲戒処分を受ける定めとなっているのであります。従って税理士が職業会計人であることについては、寸毫の疑いも容れないところであります。

法人税法第二二条第四項が米国の内国歳入法第四四六条の文言の直訳移入であり、所得税法施行規則第五七条が西ドイツ所得税法第五条のこれまた直訳移入であり、母法同士の間には重要な相違点もありますが、それはこの小論の主題ではありませんから、別稿に譲ることといたしましょう。ただ税理士は、正規の職業会計人であることを鮮明化して、無意味な誤解は排除しておきたいのであります。

エゴを克服しない会計人には大した業績はない

イギリスの法曹にとってヴィノグラドフ教授の“Common Sense in Law”『法における常識』が必読の書とされていますように、米国の会計人にとっては、モンゴメリー先生の“Auditing”『監査論』が必読の書とされております。この書物は、成功する会計人の必須の要件として直観力の必要と、その培養の必要を強調しております(第八版一七ページ)。しかし残念ながら、直観力はどうして生まれるのか、その培養の仕方はどうしたらよいのかについて、モンゴメリー先生は触れておられません。ちょうどイリノイ大学のジョーンズ教授がその著“Executive Decision Making”『管理者の意思決定』の中で、経営組織の中で必ずトップクラスの管理者にのし上る者の四条件の第一に「洞察力が豊かであること」(一六九ページ)を掲げながら、洞察力培養の方法に触れていないのと同様であります。私は、かつて七年間もの法廷闘争に巻き込まれた経験をもっていますが、その間に、優れた弁護士が如何に直観力に溢れているか、その法廷活動は一種の美的芸術品でさえあることを痛感させられたことがあります。職業会計人も全く同様だと存じます。

その要点は、エゴを克服し切っていないと、直観力は生まれない。エゴの克服の日常的な努力が払われないと、直観力の培養はできない、という点であります。我が国の職業会計人は、このエゴと直観力との関係を、どうお考えでしょうか。少なくともTKCの会員先生は、この点に重大問題が伏在していることを悟り、直観力の発揮と培養とに努めて欲しいものだと願って止みません。

江戸時代の禅僧で無師独悟したといわれる盤珪禅師は、「一念不生なれば心肝を徹見す」という言葉を残されました。事に臨んで一点の利己心も、自我意識も、従って不安感も迷いの心も、何にも生じない。念という念が塵一つほども生じない。西田幾多郎先生の言葉を借りれば、〝純粋意志による自己統一体〃にある。こういう状態のときに、相手の心肝を掌に見るように徹見できるのだ、と盤珪禅師は、直観力培養発揮の方法を教え残してくれたのでした。われわれ凡人は、年がら年中、雑念と妄想の中に埋まって、雑念妄想と一緒になって物事に対しています。そこで事態の真相が徹見できない、誤ちばかりを犯している、業績は上がらない、ということになります。エゴの克服がいかに重大かを、皆さんと共に反省せねばならん、と思う次第であります。

（TKC会報　一九七六年五月号）

人間の生きざまについて

――なぜ発展しないのか、その原因は何か

はじめに

TKCに加入している会計人事務所が、全国で間もなく五、〇〇〇軒を超えようとしている、いまの段階で、まだ約半数近い会計事務所が、本格的な発展段階に入ってきていない事実は、正直に申して、悲しみに堪えないところです。勿論、入会時には一〇社足らずの関与先数だったのに、数年後の今では、関与先が数百社に増えて、一路発展の途をたどっている、といった事務所も何

百軒かあって、それらについては、悦ばしい限りだと思っておりますが、それが全体の大勢とはなっていない点が、寂しい所なのです。では、なぜ、いったいそうなのか。なぜ発展しないのか。その原因は何なのか、について、私見を申し上げてみたいと存じます。

一、テクニック優先でものを考えてはいけないのです

超一流の会計学者である、イリノイ大学のリトルトン教授がいわれたように、会計人にとって最も重要なことは、計算技術やテクニックではないのであって、彼又は彼女が、どこまで広い見識と分厚い実践力とをもっているか、なのです。計算技術やテクニックが不要だ、といってるのではありません。税法知識や会計処理のテクニックは、あくまでも、職業会計人たるための、ベースとして要求される素養であって、そんなものは、建物でいえば、土台にすぎません。土台を構築しただけで、壮麗な建物まで出来たとは、誰が思うでしょう。思うとすれば、それは幻想です。発展路線をたどれないでいる会員先生は、ご自分のあり方、ご自分の生きざまについて、重大な過ちを犯していないかどうか、もう一度、徹底的に、吟味していただけないでしょうか。そうすることは、原価が一円もかからないし、ご自分の職業生活の成否に関することなのですから、熟考吟味の価値があります。

ご承知のように、会員先生の人生も、私の人生も、ともに、一回こっきりのものです。たった一回しかないものであり、また、仏陀もいったように、それは、せいぜい一〇〇年以内の生命で

す。ですから、会員先生のあり方、生きざま、というものは、何にも替え難い、最高に重要な問題点だといえます。その問題点の、本格的探求に、相当の時間をかけたとしても、それは費やすに値する時間だといえましょう。二、五〇〇年も前とはいえ、仏陀も、悟りを開くのに二九歳から三五歳まで、六年もかけた事実を、忘れないでいただきたいと存じます。

二、全ての失敗者は、必ず先入観の拘束を受けています

世の中を見回しますと、成功者といわれる人と、失敗者といわれる人の比率は、半々ではないでしょう。失敗者と見てよい人々の比率のほうが、圧倒的に多いのと違いますか。勿論、成功者といわれる人も、星の上なるものが支配する運と偶然によっている場合もあり、失敗者といわれる人も、同一の事情下にあると思います。しかし、私は、虚弱児といわれた少年時代から、闘志の権化のように見られている六二歳を超えた今日まで、人生の幾山河を越えてきてみて、失敗者と認められる人の殆ど全部は、心中で、先入観の拘束を受けていた人だったと気付いています。「まさか、そうなるとは、思ってても見なかった」「そこは、差支えない、と思っていたんだ」という、後悔の一言が一生涯ついて回っているタイプの人。そういう人が人生の失敗者となってゆくのと違いますか。つまり、どうしたら、わが心底から一点の先入観をも払拭して、空々寂々たる心境を手に入れるか、がこの人生の勝負どころではないでしょうか。ここのところを会員先生はお気付きでしょうか。「自分って、こういう人間なんだ」と決めてかかっているお方は、意外に多

いのですが、これも大きな先入観の一種ですね。いわれ無き自己限定の中で暮らしていて、それを疑わない態度は、決定的な失敗の素因だ、とは思いませんか。ショーペンハウエルほどの、大変な哲学者でも、その『人生哲学』の中で、「人間は一生、その性格から抜け出られないものだ」と、誤断しています。貴方は、印度の古典『ウパニシャッド』のラテン語訳本を、青年時代の座右の書としておきながら、いったい、どこを読んでいたのですか、と反問したいな、と思います。

三、エゴ中心の発想に耽っていられるほど、人生は長くありません

十中八九までの人々が、エゴ中心の発想法を持っています。イリノイ大学のジョーンズ教授が、その著『管理者の意思決定』の中で指摘しているように、だから成功者は少ないのだ、といえましょう。六年の飢寒の体験と、麻麦の修行をした、といわれる仏陀の悟りの中核をなすものは、時間的にみての自己同一性という意味での、自己は存在しない、ということを確証した点にある、といってよいでしょう。現代科学は、一分間前の自分と、一分間後の自分とは、似ても似つかぬほどの変化を遂げている、という科学的事実を実証しました。それを、二、五〇〇年前の仏陀は、瞑想体験の中でこれを確証したのですから、凄い、といえましょう。実際に、本格的な瞑想体験をもたない者には、自己（エゴ）は実在しない、といわれても、そりゃ嘘だ、としか思えないでしょう。この点の確証を、体験的に終った者にとっては、当たり前のことなのです。ですから、ありもしない「自己」のために、あくせく働く、などとは、全くのナンセンスです。最澄伝教大

師が、「自利とは、利他をいう」と叫んだのは、自我の本質的不在性を確証したから、いえた言葉なんですね。経験的に実在すると見える自己は、本質的には、無いのです。この辺の消息を、西田幾多郎先生は、「絶対矛盾的自己同一性」と表現したのだ、と思います。常に、エゴ中心の発想法の中にいる会計人には、本格的な発展の契機はないものと、覚悟していただきたいのです。

四、黒田如水の「水五則」

〝常に自らの進道を求めて止まざるは水なり〟から学びましょう

一昨年、還暦を迎えた私は、記念に、改めて、カント全集、ヘーゲル全集、ショーペンハウエル全集とゲーテ全集の原書全巻を、ドイツに発注しました。昨年六月の日本会計学会機関誌「会計」に、黒澤清先生のご好意で「正規の簿記・帳簿の証拠性」を連載し始めた私は、東京四ッ谷のエンデルレというドイツ人書店に、西ドイツの大学のテキスト約二〇〇〇冊を発注しました。書店主は仰天していたようです。いま、毎月、一五〇冊ぐらいずつ、ドイツから、航空便で、到着しています。四十数年前に習ったドイツ語を思い出しながら、六〇歳を超えてから読むのですから、人は、しんどいだろうな、と思うようです。しかし、私にとっては、何でもないことです。人間は死ぬまで前進を続けるべきものだ、と黒田如水の水五則(注)は教えており、私が参禅した那須の雲巌寺の植木義雄老師は、七〇歳を過ぎてからでも、毎朝四時前には起きて、読書に励んでいました。私は、遙かに師には及びませんが、現に眼前に見てきていますから、別に不思議とも、異常だ、とも思いません。しかし、TKCの会員先生に、正直にお尋ねしたい。我が師の如く、この世を去る日まで、精進を重ね、前進を続けるのが、人間の真の生きざまではないのですか、と。会員先生の、ご再考を願って止みません。

(編集部注) 安土桃山時代の武将。官兵衛、勘解由《かげゆ》と称し、名ははじめ祐隆・孝隆といい孝高《よしたか》という。如水はその号。織田信長を通じ羽柴秀吉の中国地方征伐をたすけ、秀吉の参謀として活躍。豊前中津一二万石を与えられる。齢四一にして家督を長政(後に筑前五二万三、〇〇〇石を所領、福岡を居城とし黒田藩の基とする)に譲るが、爾後も秀吉の陣営にあって諸戦に参画。関ケ原の役には徳川に加担。一五四六―一六〇四(『日本大百科事典』による)。その〈水五則〉はつぎのとおり。

一、自《みづ》から活動して他を動かすは水也。
一、障害に遭いて激しく勢《いきおい》を百倍するは水也。
一、常に己の進路を求めて止まざるは水也。
一、自から潔くして他の汚濁を洗い、然も清濁を併せ容るるは水也。
一、洋々として大洋を満し、発しては雲となり雨と変じ、凍りては玲瓏たる氷雪と化す。然もその性を失なわざるは水也。

(TKC会報 一九八〇年九月号)

再び人間の生きざまについて

はじめに

前号（編集部注・一九一ページ）で、私は、「なぜ発展しないのか、その原因は何か」について申し上げましたが、その中の三、で、「エゴ中心の発想に耽っていられるほど、人生は長くありません」のところで、仏陀がその瞑想体験の中で確証したもの、について触れました。ここのところは、人間の生きざまについて、一番大事なところだ、と考えますので、またまた、触れさせていただきたいと思います。

トインビー先生の見解

現代最高の歴史学者だと、万人が等しく認めている、イギリスのトインビー先生には、京都産業大学教授の若泉敬先生との対話の書である『未来を生きる』（毎日新聞社発行）という著書があります。私は二〇歳前後の時代に、エッケルマンの書いた『ゲーテ対話の書』という翻訳書を読み、非常に感動したことがありましたが、この『未来を生きる』という本は、『ゲーテ対話の書』にまさるとも劣らないほどの書物だと思いますので、まだお読みでない先生方には、是非一読をお薦めしたいと存じます。五、〇〇〇年の人類文明史を、最も総合的な立場から研究されたトインビー先生は、自分の尊敬する人物は誰ですか、と問われて、躊躇なく、私が尊敬するのは、自己中心性から自らを解放した人物―聖フランチェスコと仏陀です、と答えています（同書三二五ページ）。トインビー先生は、別のところで、「人間の基本的問題は、人間の自己中心性であると確信する」と、申されております（同書八七ページ）。まことにその通りで、人間は、エゴ中心の発想法に陥りがちな存在ですが、エゴ中心に陥っているか、エゴ中心から脱却しているかが、人間が小さいか、大きいか、を決める真の尺度でありますけれども、われわれの多くは、瞑想体験の欠落の結果として、往々自分が、自己中心性の中に埋没している事実に気が付かない傾向があります。これは人生の悲劇だ、と思いますが、非常に重大なことなので、くり返し申し上げねばならない、と存じます。よくTKC会計人の中には、自分の事務所が発展しない理由として、事務所所在地の地域性とか、職員の能力水準とか、TKC全国会側からの取扱われ方だとか、要するに外在的要因だけを数え上げて平気でいるお方を、お見受けするのですが、それらの先生方は、その殆どが、自己中心性に埋没している己が姿に気がつかないでおられる、とお見受けしています。私は、人間の基本的問題は、人間の自己中心性の問題であることを確信するといい切った、トインビー先生の見解を、さすがに世界最高の見識人の言だわい、としみじみ感じている次第です。

『阿含経』のこと

オックスフォード大学版の〈世界古典集〉（The World's Classics. Oxford University Press）の中に『仏陀の語録抄』（Some Sayings of the Buddha）というのがありますが、これはウッドワード（F. L. Woodward）が、仏陀の唯一の直説の経典だといわれる『阿含経』のパーリ語本から、直接に英訳して、一九二五年に出版したものであります。私は二十数年前に、これを丸善書店から求めて、一読したことがあります。そして、非常に打たれましたのは、仏陀が、われわれと全く同じ凡人の心境から、どのような過程を辿って悟りに達したか、の詳細な「心の路ゆき」が告白調で語られていることを発見したことです。かれ仏陀は、心底の恐怖感から逃れる苦闘の中で、ある時は自分の呼吸を止めてみては、とか、食べ物をとるのをやめてみては、とか、睡眠をとるのをやめてみては、とか、それはそれは、われわれ凡人がみな思い付くような、さまざまな試みの果てに、徐々に、悟りの本道に近づいて行ったことが書かれています。日本禅の源流を成すといわれる応燈関の一人、大燈国師が「道《い》うを信ぜよ天然の釈迦無し」と叫び、「釈迦は初めから、あのように偉大な人物だったわけではないのだ、と信ずべきだ」と説いた道理がよく頷けます。このウッドワードの訳本の三五ページに、こういう文章が出てきます。「そこで、兄弟よ、理詰めの思考と洞察の彼方で、次の覚《さと》りが生じた。心身は実在せず、意識も実在しない。心身の止揚によって、意識も止揚される、と。それから、兄弟よ、私に次の想念がきた。私は悟りへの大道を得た。それは、心身の止揚が意識の止揚であることを証する。意識の止揚は、心身の止揚となる。心身の止揚は、六識（眼耳鼻舌身意のこと・筆者）の止揚となるのだ、と」（原文省略）。この心身の非実在性は、現代科学の実証するところでもあります。六兆の血液細胞は四ヵ月以内に全部が入れ替わる、と現代医学は教えます。とすれば、一日約五百億の血液細胞が生滅しているわけです。また胃の内壁は、一分間に五十万個の細胞が剥離して、胃液で消化されると教えています。とすれば、一日で約六億の胃の内壁細胞が生滅しているわけです。全身の細胞では、おそらく、一日に一千億個ぐらいの細胞が、毎日生滅を続けているのではないでしょうか。そうすると、時間的に見た自己の同一性は、どこにあるのか。無いではないか。だから仏陀は、「兄弟よ、五体には主体がないのだ。また、感覚、知覚、活動と意識、それらは主体ではないのだ」（同書二八ページ。原文省略）と告白的に教えたのだ、と思います。そうすると、自我（エゴ）の実在性を前提にして生きている多数者の生活は、実は錯覚の生活だ、ということになります。人生は一〇〇年とはない短いものなのだから、エゴ中心の発想という、錯覚の発想の中で、それに耽って暮すわけにはゆかない。一日も、いや、一刻も、早くそこから抜け出して、真の人間としての生きざまを、生きねばならない。こう思う次第であります。

西欧思想の破綻のこと

今世紀の初めに、ドイツの哲学者シュペングラーは、『西洋の没落』（Der Untergang des Abendlandes）という大著（一、二〇〇ページもあります）を出版して、西洋の没落の必然性を哲学的に予言してみせました。その四九九ページのところで、かれは、印度のウパニシャッド哲学の論理が、アショカ王の時代から変化した、と指摘しています。これは凄い見識だ、と思います。誰かこの点を指摘する者はいないか、と密かに探していたのです。ところが、次の五〇〇ページで、かれは重大な誤りを犯しています。かれは「ソクラテスはニヒリストであった。仏陀も亦そうであった」（原文省略）と書いたのです。かれは仏陀の到達した空の思想を「真空状態」（a complete vacuum）を指すものだと捉えたのでした。そうではないのです。仏陀が探し当てた悟りの境地というのは、なるほど空の境地ですが、その空の境地というのは、「対象物の無い心の集中状態」（the objectless concentration of mind・ウッドワードの前記訳本三四〇ページ）のことをいうので、「絶対真空」の理念とは一味ちがうのです。デカルトの『方法序説』の「我思う故に我在り」の命題以来、西欧社会でも自我の探求は大問題となりましたが、ヘーゲルさえも、デカルトのこの命題を否定せず（Phänomenologie des Geistes. S. 410 参照）、結局、自我の実在を承認してしまっている点が、西欧合理主義思想の破綻の真因だと思うのです。

（TKC会報　一九八〇年十月号）

事務所発展の秘訣

はじめに

私の会計事務所開設は、昭和二十一年四月一日ですから、ちょうどいま、満三五年目の日を越えたばかりです。開業当時の一年二ヵ月間は、看板は出していましたが、関与先が一軒もきてくれないので、餓死の危機に晒され通しでした。闇屋をやるほどの才覚もないので、妻子をかかえて、心細い毎日を過していました。そして、開業満三年の終り頃には、零細法人二社、個人事業者二八軒という、哀れな事務所でした。四年目に入って間もなく、ある日、ハッと気がつきました。「会計事務所は日本にだけあるのではあるまい。そうだ、各国の会計事務所発展の事績を調べてみよう」。そう気がついた私は、汽車に飛び乗って上京し、丸善書店を訪ね、大佐《おおさ》という名の職員の方に頼んで、世界各国の会計事務所経営関係文献を、際限なく送ってくれるように手配しました。巡回監査の絶対必要であることを知ったのは、その外国文献を読んでから後のことでした。この四年目の春から、巡回監査を断行したところ、その一年で五〇社が増加し、その翌年からは、毎年八〇社平均で伸び、気がついたら、六〇〇社を超すほどになっていました。

知行の合一のこと

仏教には、知行、とか智行、とかという言葉があります。ここでは、単に、知ることと行うこと、という意味に使わせて頂きますが、この知るということと、特定の行動を選択するということが、全然別個の大脳部分で行われるのだ、ということは、ちょっと古いTKC会計人なら、誰でも知っていることだと思います。一九世紀ドイツの哲学者ショーペンハウエルには、我が国では『処世哲学』の名で知られている（Aphorismen zur Lebensweisheit・直訳すれば、世間智への警句、という）著書があります。その中で彼は「知性と行動の選択とは別物だ」といい切っております。彼は哲学者の英知で、そういったのでしょうが、二〇世紀の初めになると、オーストリアの精神科医のフロイトが、その『精神分析学入門』の中で、「行動の選択は、無意識（いままでいう潜在意識のこと）の中で行われる」と、実験科学上の結論としていいました。それが今日では、大脳生理学上で解明されて、誰も疑わなくなっています。会計事務所発展の第一の秘訣がここにあります。知ること、認識すること、理解することは、行動をとること、行動を選択することとは、直結していない。別個の大脳部分で処理されるので、この両者の間に直結関係を構築することが、事務所大発展の第一原理となる、ということです。日本の多くの会計人は、日本の職業法規が、米独のように、巡回監査を強制していない点に甘えて、巡回監査の必要は理解していながら、巡回監査を実行することを怠る傾向をもっています。必要性を認識したら、直ちに実行する。この、知と行との合一関係を構築するには、潜在意識の中を大掃除して、表面意識と潜在意識とが、常時一致している関係を、形成する必要があります。それは、さほどに難しいことではなく、若干の工夫と修練を積めば、誰にでもできることです。費用は一円もかからず、ただ内に向って自性《じしょう》を徹見すればよい、のですから不可能ではありません。自心の真実相を知ればよいのです。

利他が自利であることを銘記する

発展していない会計事務所の所長に共通する特徴は、発想が常に自己中心的であることです。別言しますと、その人間性が余りにも小人物であることです。私の師の植木義雄老師から教わったところによりますと、人物の大小は、利己心の強弱に反比例するとのこと。利己心が強ければ強いほど、その人物は小さくなる、という意味です。利己心が強いということは、ものを考えるに当って、常に自己中心的な考え方しか取れない傾向があるということです。この発想の構造を切り換えることが大発展の第二原理です。自己中心の発想から、関与先中心の発想への転換です。それは、利他に徹することが即ち自利なのだ、との人間の真の生きざまに通ずることだと存じます。最澄伝教大師が、たしか『山家学生式』という論文の中で、初めていい出した言葉だ、と記憶しますが、「自利とは利他をいう」ということです。中心を関与先に置いて万事を眺めてみますと、先生の事務所が常に関与先に対して、欲求不満の種を与え続けていることに気がついて、愕然とするはずです。この発想の切り換えをやると、間違いなく、事務所は大発展の道を歩み始めます。疑わずに、やってみて下さい。

人間の生きざまの二分類とその選択

イギリスのノーベル賞をもらった哲学者のバートランド・ラッセルには『社会改造の原理』(The Principles of Social Reconstruction) と題する著書があります。彼はその中で、人間の生きざまには大きく分けて二種類がある、ということを論じております。この考え方には余程の自信と愛着とを感じていたのでしょう。彼の晩年の作品である『権威と個人』(Authority and Individual) という本の中でも、繰り返して、この生きざまの二種類を論じています。一つは、所有衝動に駆られて生きているタイプ。即ち、財産をためたい、物をもちたい、という衝動と願望とを中心として生きている人間群がいる。もう一つは、いかにして、この人生を創造的に生きるかという、つまり、創造への衝動 (creative impulse) を抱いて生きている人間群とに分かれる。その二つのタイプのうち、もちろん、創造的衝動に従って生きる生きざまが、人間として最も価値の高い生きざまなのだ、といっているのです。そこで、私は、しみじみ思うのですが、職業会計人は所有衝動に従った生き方をしてはならない。いかに、情熱を傾けて、関与先のために、創意と工夫とをこらして、創造的な奉仕ぶりを展開するか、が眼目である。会計人は、ときには、偶発的な風向きに乗った場合には、相当程度の発展ぶりを見せることはできる。しかし、心底に働くものが、結局は所有衝動に過ぎなかった、という場合には、その没落と崩壊は早い。その没落または崩壊のときを迎えたときに、初めて、己が人生哲学の貧困を知って悔む、というのでは余りにも、おそまつではないか。

そこで、私は、事務所発展の第三原理は、所長たるものが、創造的衝動に従った生きざまを展開することだと申し上げたい。リトルトン教授がその『会計随筆』(Essays on Accountancy 1961. P.555)の中で、「会計学徒は、会計技術やテクニックではなく、広大な見識と実践力の涵養を目的とすべきなのだ」といった言葉は、いくら繰り返して申し上げても、申し上げ足りないほどの重みがあると思うのです。

結　論

限られた紙面の中のことですから、事務所発展の秘訣のすべてを網羅して申し上げることはできません。しかしながら、貧弱な私の体験からしても、以前申し上げた三点の原理は、どの一点を欠いても、本ものの会計事務所は創れないと、信じます。ＴＫＣ会計人のすべてが、自分自身との対決のなかで、己れの生活の中に、この三原理が根付いているかどうかを、分かって頂きたいのです。

（ＴＫＣ会報　一九八一年四月号）

勝ち抜く者の条件、瞑想鍛練

はじめに

我々はいま、全国的規模で、税理士法第三三条の二に基づく書面添付を実践する、職業会計人群の構築に、全力を傾注しております。これの完成には、数年を要することでしょうが、完成の暁には、ど偉いことが起こるでしょう。それは税務当局から、調査省略・申告是認の取り扱いを受けるに足る評価を得、関与先は勿論、社会一般からも信頼し尊敬される会計人集団と、毎日のように調査、調査で追いまくられ、当局や関与先からは軽蔑され、徐々に関与先が解約離脱し始め、ついには事務所閉鎖に追い込まれてゆく会計人集団と、この二つの大集団に分割されてゆく現象が、必ず起こってくるということです。「良馬は鞭影を見て走る」という。賢い人は、良馬のように、鞭の影を見ただけで、正しい行動を起こすでしょう。愚人は疑い、迷い、そして敗北者の苦汁をなめることでしょう。

なぜこの運動を起こしたのか。それは再三申し上げているように、去年（昭五六）の六月九日、千葉市に設置された、TKCの第二十一番目の、大型電子計算機センターの開設式典での、前国税庁長官、磯邊律男先生の講演に端を発したのです。氏は、税務当局の人手不足による実調率の低下を嘆き、このままでは国家財政が危うくなる、税理士は独立の専門家として、税務署の下請機関ではなく、関与先の家来でもない、ひたすら租税正義の実現に精励して欲しい、と飾り気ひとつなく、切実に訴えられたのです。氏の憂国の至情は、講演参加の会計人の心魂を強打しました。それから十日後、全国十二の地域会会長が東京に集合し、この磯邊発言の検討会を開きました。その結果、この磯邊発言を正面から受けて立とう、との声が一斉にあがり、各種委員会の結成、研修プログラムの編成、添付書類の立案等が精力的に続けられました。勿論われわれは日本税理士法の欠陥も知っています。例えば、巡回監査の義務規定は欠落しており、除斥期間の定めもない。西ドイツ税理士法第五七条には「職業上の一般的義務」(Allgemeine Berufspflichten)が明定されており、その第二項第二文には「彼らは職業上の業務以外においても、その職業が要求する、信頼と尊敬に値することを示さなければならない」(Sie haben sich auch außerhalb der Berufstätigkeit des Vertrauens und der Achtung würdig zu erweisen, die ihr Beruf erfordert.)とあります。人間的な立派さを、法そのものが税理士に求める、との立法思想は、日本では欠落しています。その結果として、証拠を残さずに、関与先の脱税に協力するのが、税理士の腕だといった、とんでもない誤解までが、納税者の中に浸透してしまった形跡さえあります。

勝ち抜く者の条件は何か

二つあります。一つは職業会計人としての独立性に徹すること。二つは瞑想鍛練によって不動心と洞察力を養うことです。日本の職業会計人は独立性になじんでいません。国際的に認められた会計人の独立性には二つの面があります。一つは外見上の独立性、つまり関与先の監査役等の役員になったり、大口の金銭貸借があったりしたのでは独立性が無いと認められるのは止むを得ないでしょう。次は、実質上の独立性です。この点について、イリノイ大学のマウツ(R. K. Mautz)は「彼は、彼自身に委嘱した人の意思に反対しかつ否定して、その委嘱者が委嘱を解くことが分かっていても、その義務を果たさなければならない。この点の要件は、他の如何なる領域においても並ぶものがない要件である」(原文省略)といっています(The philosophy of auditing, 1961. 二〇四頁参照)。つまり、全能力をかけて関与先の安全と発展のために努力はするが、常に一歩下がってクールな眼で関与先を看ており、如何なる場合でも他人の意思に屈従せず、関与先から解約される危険があっても、会計人としての良心を貫き、断じて関与先とは癒着しない、ということでしょう。この独立性を貫くことが出来ない会計人は、調査省略・申告是認の取り扱いを受けるに足る資格がない会計人だ、ということになります。

次は、瞑想鍛練に励み、不動心と洞察力とを養うことです。この点では是非、沢庵禅師の『不動智神妙録』(徳間書店刊)を熟読して頂きたいと思います。この本は沢庵が柳生但馬に対して剣の極意を伝受した書として有名ですが、金剛般若経を下敷としたものであり、人間の主体性確立の要道を教えてくれます。金銭がらみの誘惑が多い会計人には、何よりも主体性の確立が絶対の条件だと覚悟いたしましょう。禅語では「八風吹けども動ぜず」などともいいますが、要するに外部的諸条件に惑乱されない自己というものを摑むことだといえましょう。

以上二つの条件、即ち独立性の堅持と、瞑想による自己鍛錬とが揃わないと、真の会計人像は生まれてこないと信じます。勝ち抜く者の条件は、煎じ詰めれば、それだけです。

本当の自分を取り違えるな

多くの人々は、自分の意識で捉えた「自分の映像」を自分だと思っています。これが全くの間違いである点にはなかなか気がつきません。オーストリアの精神科医師のフロイト(Sigmund Freud)は、一九一七年に世に出した『精神分析学入門』(Vorlesungen zur Einführung in die Psychoanalyse)の中で述べました、「自我は自分自身の家の主人などでは決してあり得ない」(Ich nachweisen will, daß es nicht einmal Herr ist im eigenen Hause.)(Fischer Taschenbuch Verlag, 1980. S.226 参照)と。その場合の「自我」とは、多くの人が、これが俺だと思い込んでいる自分のことを指していっているのです。多くの人が、自分だ、と思っている自分は、実は理解とか創造とかの働きをもっている大脳新皮質系のなかで描いた自分であるだけで、自分の行動を選択する本当の自分ではない、のであります。自分の行動を選択する本当の自分は、大脳辺縁系のなかで、つまり、潜在意識の中で働いている自分です。瞑想で鍛練していない人達にとっては、両者は別個に、バラバラに離れて機能しています。ですから、「分かっちゃいるけど止められない」という文句が示すように、分かってはいるんだけど、実践がともなわない、という現象となって現われてまいります。この両者の乖離を統一して一本化すると、巡回監査の完全実施などは、いともた易い仕事となります。両者の統一、一本化は、ただ瞑想によってのみ到達が可能です。それは、自分だ、と思っている自分が、実は、心の対象として描かれた自分であり、描く側の自分ではないことの発見に始まります。そうして、では本当の俺とは何ものなのか、と自分自身に向かって切り込んでみて、この探求をしっかり繰り返してみると、本当の自分というものが見えてくるようになります。

白隠禅師は、坐禅和讃の中で「いわんや自ら回向《えこう》して、直《じき》に自性を証すれば、自性すなわち無性にて」と申しました。心を内側に向けて、直接に自分の本性を確かめてみると、自分の本性は無性（限定された何ものも無い）であることが分かってくる、というのです。卓洲禅師はここのところを、「大悟せし時、身既に死せり」といいました。自己の本体は無限定、あたかも死んだと同然だったのです。この真の自己発見には、原価は一円もかからないことを、くれぐれもご留意願いたいのであります。

（ＴＫＣ会報　一九八二年五月号）

会計人の生き方の根本問題

はじめに

現時点における日本の全税理士にとって、最大かつ緊急の問題は何かといえば、それは全関与先が、調査省略・申告是認の取り扱いを当局から受けられるような事務所体制を、一刻も早く作り上げることだと、確信をもって、いうことができます。

そのためには、幾つもの障害があり、税理士の力だけをもってしては、中々突破できない現実の条件があることは否定できません。しかし、そのような障害物にこだわっているだけでは、前進がありません。そこで今回は、会計人、特に税理士の生き方の根本問題の角度から、皆さんのご考慮を煩わしたい、と考えます。

いうまでもなく、税理士の全関与先が当局から、調査省略・申告是認の取り扱いを受ける状況にあるということは、単に税務当局からばかりではなく、銀行等の金融機関からも、先生の事務所の決算書類等が、絶対の信頼を受けることを意味しますから、税理士先生の社会的地位が、一挙に高まることは、分かり切ったことです。社会的地位や信用が高度にあがる、という状態を好まない、という税理士先生は、殆どいないもの、とわたくしは考えます。

とすると、税理士先生の生き方の、どこのところに問題があるのか、という壁につき当たります。それは、職員諸君を含む税理士先生の業務水準の問題と、もっと深い、税理士先生の心の在り方の問題とに、ぶつかってくると思います。そして前者、即ち、業務水準の問題は比較的易しい問題です。それはＴＫＣ全国会で開発した「完全性宣言書」とか「巡回監査報告書」などという一連の添付書類によくなじむということと、所内のルール違反について、歯止め機構をどう作るか、という二点について、職員諸君とよく話し合ってみることです。話し合いには根気を必要としますが、事務所の信用が高まることは、自然に事務所の収入が増えることでもあり、それは当然に給与の増額にも連なってくることですから、職員諸君もこれを嫌う筈がありません。問題は、所内のルール違反の歯止め機構をどう作るかです。所内のルール違反を見逃しておいて良い、ということは、事務所の信用はどうなってもよい、ということと同じことですから、ルール違反には懲罰を、ルール遵守には褒賞を、という機構を作る必要があります。そして、イソップ物語の北風と太陽のお話のように、褒賞事項を多く設けることは、われわれ凡人の社会では、人間関係を滑らかに動かしてゆく上で絶対に必要だ、と思われます。わたくしの事務所では、職員諸君の自由選挙による褒賞懲罰委員会が作られており、その委員の方々が、自分の心に従って、自由に褒賞と懲罰とを、毎月、規定通りに実行して、相当の成果をあげています。ですから、わたくしの事務所では、余程新しい関与先でもない限り、全関与先がその申告書に書面を添付して提出しています。

最大の問題は心の在り方の問題

税理士先生の心の在り方の問題は大きく分けますと、事物の本質を見抜く洞察力の磨き出しの問題と、貫徹力の錬磨の問題とぐらいに分けられるとみて良いでしょう。監査論で有名なモンゴメリー先生は、直観力を培養しなかった会計人は、ろくな業績はあげられない会計人だといっています（『監査論』第八版、一七頁）が、その直観力とは洞察力のことだ、と解していいでしょう。ヘーゲルも、洞察力は人間の学の最たるものだといっています（『精神現象論』西独フェリックス・マイナー社版、一九五二年、四一三頁）。こうみてくると税理士先生は、人間の学の最高水準のものを、身につけておく必要がある、ということになりましょうか。わたくしはいま、洞察力の磨き出しといいましたが、洞察力は現象的にみれば天与のものではなく、ある種の精神的修練の結果、本来は全ての人に具備されていた能力が、顕在化してくるのだ、といいたかったのです。この考え方は、仏教関係の各種の経論にも見えています。この点を、最も端的にいったのは、日本では抜隊《ばっすい》禅師でしょう。妙心寺の開山である関山国師と同時代の人で、彼には『塩山和泥合水集』という仮名書きの論書があります。その中で禅師は「見性スナハチ六通ナリ」と書いています。見性体験をもった者は、自ら六神通——洞察力はその一つです——を身につけるのだ、というわけです。どうですか、凄いでしょう。

見性体験はどうして体験できるのか

見性という言葉を最初にいったのは達磨大師だ、と存じますが、白隠禅師の段階までは、それは、本物の悟りを開いた、という意味だったと思います。それを個性の強かった白隠が、伝来の意味を改造して、禅の入口に立った、ぐらいの言葉としてしまいました。いまの日本の臨済禅は、殆ど残らず白隠の門下生で占められていますから、白隠の流儀に従って、見性という言葉を、禅体験の第一段階だ、と位置づけているようです。笑止千万です。直指人心、見性成仏、といって、本来は見性は生きながら仏に成りきる、との意味だったのです。ついでながら白隠は「克己は一呼吸の間にあり」といったと伝えられていますが、これも誤りです。克己すべきもの、乗り越えるべき己れがあるとすれば、己れそのものは二つに分裂しているわけです。見性した人には、克己の必要はないのです。

見性というものを、何か遠いところにある一種の神秘的な体験だ、と考えるのは誤りです。要するに自性を徹見するだけのことです。別言すれば、自心の真相を見得する、ということです。多くの人には、驚くほど、雑念妄想のくせがついています。この雑念妄想の根源を断ち切ると、見性体験をズバリ体験したことになります。

雑念妄想を断ち切ることは、ある種の修練を要します。それは瞑想という修練です。静坐して瞑想してご覧なさい。たちまち、次から次へと、雑念妄想が湧いてくるでしょう。それを断ち切る最短距離は、その雑念とおつき合いしないことです。二念を継がないことです。そうすると、自然に雑念は消えていきます。そうして己れが意識の生ずる根源如何と、己れに尋ねることです。一番便利な方法は、瞑想に道具を使うことです。例えば、公案はその道具の一つです。「趙州の無字」という公案は有名です。ある坊さんが趙州禅師に向かって、「犬ころにも仏性はあるのですか」と質問したところ、趙州は「無《む》」と答えた、というのです。その「無」とは何か、さあ持って来い、というわけです。徹底して、ある意味では命がけで、無とは如何、無とは如何、と探求していきますと、しまいには、自分が無の字を通り越して、無そのものになります。その時に、自心の本質を全身で味わって見ることです。心には、本来、相《かたち》はないのだ、一切の現象はこの心が形作っているのだ、ということが直接に確証されます。結論では、カントの認識論と一致しますが、カントのほうは哲学の理論であり、こちらは、心の実際の在り方であって、行動の原理の当体だ、との違いがあります。一心不乱に、この瞑想体験を反復していきますと、雑念妄想の根源を截断することは、簡単にできるようになります。そのとき、税理士先生は、洞察力と貫徹力とを、我が身にもっていたことが、端的に分かり、自由に力量を発揮できるようになります。どうです、先生もやってみませんか。

（TKC会報　一九八四年五月号）

一隅を照らすこれ国宝なり

一、国宝たるの自覚

最澄伝教大師はその論文「山家学生式」のなかで「一隅を照らすこれ国宝なり」という判断を示された。これが、いかに偉大な達見であるか、愚鈍な私には、しみじみと分かるのに時間がかかった。しかしもう、会計事務所開業満四十二年になる。ここらで分からなければ、私も一人前以上のアホーだということになる。私が三十二年間も参禅をさせて頂いた雲巌寺の植木義雄老師は、この国宝に徹する道を見事に実践した人だったといえよう。私が雲巌寺の書生になって二年目辺りだったように記憶するが、鎌倉の円覚寺から使者がきて、円覚寺の管長になってくれ、との強い要請を受けられたことがある。老師はこれを断られたのである。「仏国国師（開山）の墓守りで、一生を終えさせてくれ」というのが老師の回答だった、と漏れ聞いた。昭和十年代の前期だったから、管長という勅任官待遇なのだそうで、坊さまの世界では、大変な顕職だったということである。同じような姿が白隠禅師にも見受けられる。白隠禅師は日本禅中興の祖と仰がれる人で、今日の臨済宗の禅匠は残らずその門下系統の弟子達であるが、妙心寺大本山における禅師の僧位は随分下のほうで、僧堂の首坐《しゅそ》だったという。東海大学の総長であられる松前重義先生の

「わが昭和史」のなかに、西郷隆盛の言葉として「本当に偉いのは縁の下の力持ちで、そういう人がいないと日本の国はよくならない」という文章が出てくるが、人生の本当の達人というのは、そういう国宝的な人達なんだな、とつくづく思うこの頃である。

職業会計人というのは国家財政の一隅を照らしている国宝なのである。これに徹してゆくことが本分であり、本来の使命である。だがこの国宝の道が、わが日本ではいかに困難に満ちているか深く考察しなければならぬ。

二、職業法規の不備(1)

西ドイツの現税理士数は四八、八〇〇人。日本の税理士とほぼ同数である。人口は日本の約半分だから、税理士の供給率は日本の二倍だ、ということになる。そして、両者間の何よりも顕著な相違は、西ドイツの税理士には税務官庁のOBは殆どいない、ということである。全くいないわけではない。三％以内ぐらいはいる、とのことである。西ドイツ税理士法第三八条第一項には、税理士試験を免除される者の種類が六種類規定されており、各々その条件とされる経験年数も五年、十年、十五年と区分されている。然しその実数は殆どいないに等しいほどなのだ。その理由は何か。退職後の恩給等が豊かに支給されているので、税理士を開業せずとも、暮らしに困らないという。日本のように恩給支給額をケチッてはいないのである。日本ではOBは恩給が少ないので、無理しても開業せねばならない。在官中の後輩に頼んで、めぼしい企業に押しつけ顧問として天下らせて貰うのである。俗に二階建て、あるいは三階建て、という。頭上に乗られる税理士こそ、えらい迷惑だろう。しかも日独で共通している点は、税務官庁のＯＢは、業務の水準が一般に低い、という点だそうである。私は、西ドイツで二人の税理士会長に会ってこの点を確かめてみたが、回答は同じであった。日本の税理士は六割がＯＢで、四割が試験合格組らしい。この比例割合は、業務に命がけで当たらない税理士が過半数だ、ということを意味していないか。国家的には由々しき問題だが、正面からその改革を叫ぶ人に会ったことがない。優秀なＯＢも、勿論、多数いるわけだが、改革の声は上げないようである。大蔵省の集団エゴが、国益を害している、と私には映る。この事実は、いつか、誰かによって、打破されねばならない。恩給をもっと重厚にせねば、という財政問題でもある。

三、職業法規の不備(2)

税理士法はその第四九条で、税理士会の目的として、税理士に対する指導、連絡及び監督を行うことを定めている。同趣旨の条文は、第四九条の三と第四九条の一二にもある。税理士会は法の定めたその存立目的のうち、連絡は兎も角として、指導と監督とを、果たしてやっているのだろうか。疑問なきを得ない。世の中が今日のように激動態勢に入ってくると、いまのように、資格登録を受けた後は、野放し状態になっていても良い、ものではあるまい。イギリスの勅許会計士協会は、自主的に会計士の生涯教育を始めだして久しい。アメリカも、既にその全国の州法が、公認会計士の生涯教育を法制上の義務として位置づけた。日本も税理士法第四九条の一七で、大蔵大臣の一般的監督権を定めている。しかし、「税理士業務の改善進歩に資するため」の一般的監督権の行使は、なされた形跡がない。税理士会の自発性を引き出す法制には、なっていないというべきだろう。憂慮すべき巨大な欠陥である。

四、職業法規の不備(3)

日本の税理士や公認会計士は、世代を超えた形の、業務知識の備蓄や、その伝承を、法人(会社)という場で、営むことを禁止されているのだろうか。イギリスでパートナシップ法という法律が制定されて既に百数十年も経過している。日本の現行法には、法人設立禁止の法律条文はない。しかし、法人設立の登記申請を不受理とすべき旨の法務次官の通達が出ている。だから、登記官吏は申請しても受理しない。これは行政法律主義の原則違反である。次官には、国家行政組織法第一四条第二項に基づく通達制定の権限は与えられていないのだ。法務事務次官は、通達という一種の擬制的な法形式で、登記官吏に対して、この種の法人設立の登記の不受理を命じているが、厳密にいえば違法だというしかない。西ドイツ税理士法の第三節は税理士会社(Steuerberatungsgesellschaft)について定めているが、それは会社そのものに税理士資格を認めているのではなく、一種の社会活動の場を提供しているに過ぎない。日本の大蔵省も、場の論理を、認めるべきであろう。公序良俗からみても無害ではないか。

五、職業法規の不備(4)

国際法優位説に立っている日本政府としては、日米友好通商航海条約第八条の、会計士らの自由業についての内国民待遇条項の規範性について、もっと目を向ける必要がある。米国から日本にきている会計士会社は、税務もＭＡＳ業務も自由にやっているではないか。なぜ日本の監査法人だけが両手を縛られていなければならないのか。大蔵省は、もうここらで、日本の職業法規が国際条約違反の状態にあることを是正すべきである。やり方は簡単。公認会計士法第一条第三項に「主たる」の三文字を加え「次条第一項の業務を組織的に行うことを主たる目的として」と訂正すればよいのである。

六、職業法規（税法）の不備(5)

税法の不備をいい出したらきりがない。余りにも、その不備、欠陥は多いからだ。ここでは一つだけ取り上げておこう。法人税法第二二条第四項である。一般に公正妥当と認められる会計処理の基準、がそれである。いうまでもないが、租税法律主義は税法条文の完結性(Abschließung)を要求している。税法が代償なき国民財産の収奪を許すからだ。それはベルリン大学の法哲学教授Ｒ・シュタムラー（Rudolf Stammler）の正法の理論においても同説である（Die Lehre vom dem richtigen Rechte.第二版二〇二頁参照）。ところが、この条文は税法条文の根源的要求である完結性を敢えて放棄し、公正なる会計慣行をより高次元のものだとする判断に立っている。それは遠く東大の田中耕太郎博士の「貸借対照表法の論理」に淵源する間違いなのである。大蔵省は企業会計審議会にご苦労願って、米国のＦＡＳＢ同様に会計原則の策定作業をお願いする以外に手がないだろう。これは早めに始めたほうがよい。

七、国宝たるを自覚し、法の不備や困難を克服して

さて最後は、会計人ご本人の在り方の問題である。戦前に、薄幸の佳人といわれた九條武子夫人というひとがいた。彼女は次の歌「見ずや君、明日は散りなむ花だにも、いのちをかけてこの時を咲く」という歌を残している。いま、ここに、全力をかけて生きる、というのは禅家の生き方でもある。会計人にはこれができねばならぬ。同時に会計人は、マックス・ウェーバーの教訓に従って、会計人としての自己の「理想型」を設定したほうがいい。生活を成功裡に送らなくてもよい、という人は別。やる以上は成功してゆきたい、と念ずるならば「理想型」の設定は不可欠である。そして常時、想念の中で反復して、貫徹力を養ってゆくことだ。自利利他に徹するか、終局的利己を選ぶか、も重大である。十中八、九は後者に属すると見てよい。最後は自分まで騙して死んでゆくのか、どうかの決着である。この決着は早いほどよい。どうせ百年とはない人生なのだから、生きて甲斐ある人生とすべきであろう。初めから悟りを開いている人なんていやしない。興禅大燈国師にいわせると、釈迦だって「六年の飢寒骨髄に徹す」という苦悶の日々を持

ったではないか。

白隠は「克己は一呼吸の間にあり」といったが、これは間違い。一呼吸以前に、汝の内面的衝動はどうなのか、と自問すべきである。その時に貴方は、克己心などは全く必要がない融通《ゆうずう》無碍《むげ》な自分の本心に出会うのである。

（ＴＫＣ会報　一九八八年三月号）

誤解と錯覚を排した人生を

誤解訂正の必要

人間の社会というもの、には、人間の特性に従って、誤解や錯覚が満ちみちていますから、誤解や錯覚は、それが誤解又は錯覚だと分かった時点で、これを訂正してゆく以外に方法がありませんね。近来、世界的に有名になった「マクドナルド」というレストランについても、誤解がありました。ひょっとすると、この誤解は、私だけの誤解なのかも知れません。日本では藤田田《でん》という名の著名なお方が、その社長をなさっていますが、初め、私は、「マクドナルド」というのは「マクドナルド」というお方が、創業し、発展させてきた会社だとばかり思っていたんです。事実は、そうではなかった、誤解でした。

昭和六十三年春になって、それが誤解だったと判ったのです。「マクドナルド」というレストランを、大発展させた人は、レイ・クロック（Ray Kroc）というアメリカ人だったのです。この人が、マクドナルド兄弟（Maurice and Richardという兄弟）から、彼らが創業して発展させてきた「マクドナルド」の一切を買い取って、今日のような年商三〇億ドル以上（三九〇〇億円以上）の大組織にまで育てた人だったのです。それは最近読んだ小冊子「作れや作れ、マクドナルド成功物語・Grinding it out : The Making of McDonald's」を読んで分かったことです。彼は一九五五年、つまり今から三〇年以上も前にこの買取りを完了していたのでした。買取り価額は二七〇万ドルだったとのこと。今と違って、三〇年以上も前のことですから、その支払義務の履行は大変な苦業だった筈です。レイ・クロック自身「何年間も封建時代の農奴のように重い支払義務に悩まされた」と書いています（同書四頁）。ただ、こういう厳しい環境の中で、彼が強引なまでに、自分の生き方についてこれを規制したのは見事なもので、それらは、真剣に学ぶに値するものだな、と感じます。

レイ・クロックから学ぶべきこと

彼から学ぶべき事柄の第一は、一度にふたつ以上のことを考えることは絶対にやらない、という生活の仕方を断行した点だと思います。「一度にふたつ以上のことを考えるのはやめ、いかに重大な問題でも、眠れなくなるほどいたずらに気をもまないようにした。これは口でいうほど易しいことではない。私はそれを独自の自己催眠法で実行した。」と彼は書いています。こともなげに言っていますが、いざこの原則通りに実行するとなると、大変な自己規制を要することだと思います。

第二点は、彼がこう言っている点です。「私は、ベッドに入ったときに神経の緊張を解き、うるさくつきまとう問題を頭から締め出せる方法を考え出した。そうしないと、翌日の朝に頭も心もすっきりした状態で客に応対できないことがわかっていた。」と。白隠禅師も第三期の肺結核から脱出するために、独自の眠り方を実行したことは有名で、その作品「おらてがま」に書いています。眠り方を研究し、その結論を実行していたんですね。

第三に彼は、無念無想になる自己訓練に成功していた点だと、思います。彼はこういってるのです。"I made my mind completely blank. If a thought began to appear, zap! I'd wipe it out before it could form."「私は、自分の心をすっかり白紙の状態にした。もしまた何かの考えが浮かびかければ、えいっ！　とばかりに、それがはっきりした形をとる前に拭き消した。」と。これは成功者の基礎となる条件ですね。

以上の三点は、際立って、禅を修する者の生活の仕方と似ています。禅を修する者は、自分の心の方向づけと心の処理ができなかったら、禅者とはいえないのです。

その根底にある考え方は、どういうものか

多くの人は固体としての自己の実在性を信じている。そこから利己的思考も生まれてくる。人間としては、それも自然かも知れぬ。しかし、厳しく、自己の実在性について吟味する立場に立ってみよう。乃公は本当にいるのか、と。

臨済禅の公案集に『碧巌録』というものがあります。その第七則に法眼慧超佛《ほとけ》を問う、と題する公案がある。その垂示《すいじ》という書き出しのところに「声前一句、千聖不伝」という文句が出てきます。これが人生の最大問題を指していると思います。

高歩院の大森曹玄老師はこれをこう説明される。「『声前の一句』というのですから、声にも形にもまだ現れない前の絶対無の世界のことです。『やみの夜に鳴かぬ烏の声』でもありましょうか。一念もまだ兆《きざ》さない前、父母未生以前の本来の面目といったものは、『千聖不伝』でいかなる聖人も祖師も他人に伝えるわけには参らんということです。伝えられるものは、声前ではなくてすでに声に発したのち、つまり相対界の現象でしかありません。」と(『碧巌録』上巻、大森曹玄著、六〇頁)。

鎌倉の円覚寺の管長であられた朝比奈宗源老師はこれをこういわれる。「ことばに出る前の一句というんです。禅の上では、生まれる前の自己というか、父母未生以前本来の面目というか。禅は、現にこうして生まれてきていて、さて死んでどこへ行くか、どうなるか。こういう疑問から

でたのでありますが、それを明らめる方法としては、大体、死んだ後ということは、生まれる前と同じだ。逆に、生まれる前はどうであった、とこういうふうに聞く。死んでこれからどこへ行く、禅ではこれもむろん答えますよ、だけれども、まず第一、生まれる前はどうだったか、こういう。この道理は同じでありますよ。人はみな、佛と変わらない佛心をそなえている。その佛心のことです。そこを、禅では本分といいます。生まれる前がわかれば、死んだあともわかる。そこを、禅ではいいます。生まれる前がわかれば、死んだあともわかる。そういうふうに、だれにもそなわって欠けることのない佛心は、だからいっぱいなんだ。だが、それは『千聖不伝』で、……あの、数多くの佛祖もこれを伝えて残すというわけにはいかない。そういう性質だというんです。」（朝比奈宗源老師『碧巌録提唱』山喜房版、六五頁）と。

妙心大本山の元管長である山田無文老師は、こういわれる。「法は言葉で述べることのできんものである。真理は口で説けないものである。不立文字、教外別伝。そういう口で説けないところを、説明してゆくのが声前の一句である。声に出して言葉にする前の一句である。直指人心見性成佛の直視の端的である。そういう端的は千聖不伝である。過去の千仏も、現在の千仏も、未来の千仏も示すことのできんものである。分かった者だけが、なるほどと合点がいくのである。」（『碧巌録全提唱』第一巻、三五六頁）と。

現代の禅の偉い坊さん達の解釈は、以上の通りです。坊さんでない私達は、これをどう解するか。声前の一句という言葉は、要するに、汝が生まれる前、もっと理屈らしくいうとお前の生んだ父母の生まれるその前に、お前はどこにいて、どんな格好をしていたのか、さあ答えてみろ、ということ。それはわれわれの本来の姿は、どんなものだったのか、という人間にとって最も根元的な問いでしょう。そのときに、私は空飛ぶ雲だった、といえるでしょうか。いや、流れる川の水の中にいたのだ、といえるでしょうか。いや、山中の岩山だったんだ、などといえるでしょうか。いえますまい。結論として、自分は、どこにもいない、という形で、存在していたのだ、としかいえますまい(これが釈尊の論理だったのです)。ここが人間である自分の本当の原点であると思う。私は、禅の先達たちが、こういう問いを設けてくれていた、ということ自体が、文化的に素晴らしく偉大だな、と思うんです。多くの人は、感覚的に確証できる肉体としての自己の実在性を信じようとして生きている。しかし、真実は、別であることを知らざるを得ない。六兆箇あるわが体内の血液細胞は、四ヵ月で全部入れ替る。胃袋の細胞だけで、一分間に十万箇が剥離して、新細胞と代わる。日々の排便の一五%は、自分の亡骸《なきがら》そのものである、というのが現代医学の報告するところです。さあ、自分はいったい何処にいるんですか。誤解と錯覚とは、そうと知ったときに、訂正しなければならない筈です。

どう生きるのが正しいのか

人は通常、自分の利益のために生きようとしている、とみられている。だから、人が、つまり、自分から見れば他人が、いかに己れを空しゅうして奉仕していても、彼は自分の利益のためにあしているのだ、と判断し、批判したとしても、それは、通常人としては、無理もないところでしょう。しかし、生命の真実からいえば、それは誤解であり、錯覚なのですね。つまり、時間的に継続している意味での自我というのは、本来は存在しないのだ、という視点からすれば、自分の利益のために努力するということ自体が、一種の錯覚からの努力だということになります。それではやはり錯覚の人生だ、ということになりましょう。

真の人生は、自分の人間としての原点の確証の上に立った人生を送ること、にあると結論づけられる。それは慾界、色界、無色界の、いわゆる三界の万有の幸せを念じて、許される限り、精一杯の精進努力を払った生きざまを展開することでしょう。レイ・クロックは億万長者になったそうだけれども、そのこと自体は、屁のようなものだったと知ることが重大でしょう。

（ＴＫＣ会報　一九八八年四月号）

瞑想の実践

一、はじめに

瞑想というものを、仏教の禅という意味に用いたのは中国の支道林（三一四―三六六）という人だったという（岩波・仏教辞典）。それは空に徹底し、大道に合致することをいう、とある。私は職業会計人というものは瞑想を絶対に必要とする職業人だと思っている。というのは、会計人は常に「真正の事実」（税理士法第四五条）に立脚して仕事をしなければならないからであり、また真正の事実から離れる誘惑が、多すぎるほど多いからである。真正の事実を正確につかむことは、必ずしも容易なことではない。殊に会計の対象が錯雑化しており、利害が強く絡んでいる場合、会計人は独り悩むことが多いのである。私は開業間もない頃、顧問先の経営者から「顧問料はいくらでも払いますから、うまく脱税する手を教えてくれ」とせがまれたことがあった。しばらくして、実は殆ど全ての経営者が、多かれ少なかれ、また口に出していうといわぬとに関せず、こういう気持ちを抱いているらしいことを知った。こりゃ容易ならぬ職業に就いてしまったわい、としみじみ思ったことだった。こういう場合、自分の気持ちそのものを、日頃はっきりとさせておくことが絶対に必要となってくる。よく「八風吹けども動ぜず」などというが、いかなる誘惑にも、特に金銭上の誘惑に、絶対負けない心の準備が必要なのである。それには、自分の心の拠りどころが、きちんと決まっていなければならない。心の拠りどころ、それを仮に心の原点と呼ぶとすれば、職業会計人は、心の原点を見失わない、というか、常に頻繁に心の原点に立ち戻ることが必要だと思うのである。学生時代に読んだ「ゲーテ対話の書」(J. P. Eckermann, Gespräche Mit Goethe) のなかで、ゲーテは友人のエッケルマンに向かって、人間は絶えず心の原点に立ち戻る必要がある、と語っていたことを想い出す。ゲーテによれば、人間の心の原点は「無(nichts)」であるというのだ。古代の印度哲学、特にヴェーダーンタやウパニシャッドに詳しいショーペンハウエルは、その「処世哲学」でゲーテの発言に共感の余りそれを引用して、ラテン語でさらに「Vanitas!」といっている。それは心が空で、全く心の対象物がない状態をいうのである(Parerga und Paralipomena 1., S.496)。

さる著名な政治家が、総理大臣になる直前に、私と一杯飲んだ席で、突然、禅の真髄を教えてくれ、と迫ってきたことがあった。私はとっさに、金剛般若経の一句「応《まさ》に住むところ無くして、其の心を生ずべし」との文句を告げ、書き取らせたことがあった。だが残念ながら、その政治家は、自分の社会的偽装の手段としての禅の説明が欲しかっただけで、自己探求の主題としての一句が欲しいのでは無かった。困ったことだが、いまの政治家には、この手の人が多すぎる感じがする。本質的には国民を欺罔《ぎもう》することになることを、まじめに自戒すべきではないか。

さて何が原点なのか、という問題が残る。私も心の原点とは無の状態、空の状態に徹底している境涯だと思っている。空の状態、無心の境涯には一点の滞《とどこお》るところも無いから、森閑《しんかん》としていて全く平穏無事である。勿論、恐怖心もなければ慢心も無い。古代印度の哲学者世親がいうように「密室の燈照に動なきが如し」(『倶舎論』巻第二八)という心境である。私は飯塚事件のとき、連日九十名の国税調査官が当時の六百社の顧問先を、何か飯塚の非違はないかと嗅ぎ回っていたとき、坦坦《たんたん》として平穏無事でいられたことについて、若き日の坐禅の鍛練を、深い感慨と共に、感謝の心で振り返っていた。それは雲巌寺の植木義雄老師に負う生涯最大のご恩だったのである。

二、瞑想の実践

ところで、この無心というものを真実に手に入れることは容易ではない。よくTKCの夏期大学や秋期大学のとき、最後のパーティの席上で、若い会計人に囲まれて、「どうしたら良いんですか」などという質問をぶつけられることがある。無心を手に入れるということは、街角のたばこやで、たばこを買うように簡単なことではない。何よりまず、それは断固たる命がけの決心を要する。無心という、全く無形の、無味無臭の心をまざと己が手につかむことであるから、安易なものではない。よく縁日の屋台をひやかして回るような安っぽさで禅寺を訪ねる者がいる。そういう人は長続きもしないし、徹底することも無い。事実、雲巌寺の植木老師には、何千何万というほど、道を聞く人はいた。然し、植木老師から道を得た人は、五指に欠けるほどしかいなかった。四十歳で雲巌寺に晋山《しんざん》（住職になること）し、九十七歳で、昭和四十二年五月に亡くなられるまでの五十七年間、その間に老師から悟りを許された人は、それはそれは、ほんの僅かだったのである。いかに本格的に、無心を手に入れることが困難か、お分かり頂けるだろう。日本の禅門には庭詰《にわづ》めという習わしがある。元もとは、那須の雲巌寺に住んだ仏国国師（後嵯峨天皇の第三皇子、顕日王）の時から始まったものだという。入門志望者が余りにも多いので、本物かひやかし半分なのか、求道心の堅固さを試みるために、寺の庫裡の式台のところに、平伏したままに三、四日間、放置して置くことをいう。それが頑張り通せない者には、入門を許さないのである。

こういう入門選考の厳しさが、形式化してはいるが、いまも禅の専門道場には残っている。私は僧侶ではない。いわゆる在俗の人である。昭和十年の夏、丁度十六歳の終り頃に、私は参禅入室を願い出たことがあった。詰禅《てつぜん》という修行僧が取りついでくれた。老師の答えは「時期を見る」との一言だけで、断られてしまった。頭から水をかぶせられたような思いがした。それから、満一年たって福島高商の一年生の夏、私は再び参禅入室を願い出た。その時も詰禅という雲水さんがとりついでくれた。緊張して答えを待っていた。答えはやはり「時期を見る」の一言だった。拒絶されたのである。がっかりしたが、致し方が無かった。そしてまた一年待った。その間は一人で坐禅工夫を重ねていた。福島高商では二年生になっており、福島市郊外の杉妻村にある満願寺という禅寺に下宿して寝起きしていた。満願寺では大隈宗演という住職の許《もと》で暮らした。大隈宗演和尚は妙心寺大本山の僧堂で會て植木老師に世話になった、と話しておられた。満願寺時代に私は頻繁に夜坐を試みた。夕食後、暗くなってから、坐布団一枚と木刀一本とを持って、寺の前の山の中に入ってゆく。阿武隈川の濁流を遙か下に見て、崖の上または墓場の中でただ独り、徹夜で坐禅をやるのである。植木老師の提唱（講義のこと）で聞いていたので、早鐘を打つような頻繁さで「無とは如何《いかん》、無とは如何」と自分に問うわけである。

　高商二年生の夏、また、今年こそはと勢いよく参禅入室を願い出た。答えは同じ「時期を見る」だった。「うぬ！」と思ったが、どうしようも無い。止むなく引き下がった。仲介役は詰禅さんだった。満願寺に帰ってからは夜坐を繰り返し、日曜日には寺の裏庭で坐禅をやった。ある日、坐禅をやりながら、殆ど全く呼吸をしていない自分に気がついた。全身の毛穴から呼吸している感じだった。凄い経験だな、と感じた。高商三年生の夏、初志貫徹の意気込みで、またも参禅入室を願い出た。答えは同じ「時期を見る」だった。この時もまた、詰禅和尚を煩わしたのだった。後で知ったことだが、雲水の詰禅さんは、とうとう植木老師からは許されなかったそうだ。彼は京都の名刹常照皇寺の住職に出てから、東京の東海禅寺の師家に就いて、印可証明をもらった、という。植木老師が、弟子に悟りを許すことが、如何に峻厳だったか、これで分かるというものだろう。昭和十四年の夏、私は東北帝国大学の法科一年生になっていた。足かけ五年待たされている。これで参禅入室が許されなかった時は、もう自分は禅と絶縁しよう。そう密かに決心していた。幾分の怒りと、多少の悲愴な気持ちが入り混じっていた。然し、不思議なことに、それまでの長い間、老師の一番古い弟子といわれていた元泰さんという年老いた坊さんから、老師の私語のようなものが、流れるように伝えられていた。それは「数十名いる学生のうち一番大成するのは飯塚だ、と老師はいっていたぞ」だった。その真偽のほどは今も分からない。しかし寺の老僧のささやきのような一言が、私を繋ぎとめていたことは間違いない。「老師は俺を突き離しながら、ちゃんと俺を見ているんだな」と感じていたのも事実だった。東北大学の一年生のとき、私は鈴木仁という北海道出身の法科学生と一緒の下宿にいたことがある。それは仙台の市外に近い山形街道に面した三瀧という小さな温泉宿だった。その宿へは時々瑞巌寺出身の大梅寺（漱石の「草枕」に出てくる寺）の鑑《かん》さんという老僧が立ち寄った。いつしかその老僧と親しくなった。

「肯心自許《こうしんみずからゆるす》」―肯く心が自から許す―という名句を知ったのは、この老僧からだった。その頃私は、仙台市内の本屋で求めた「頓悟要門」という大珠慧海の書いた禅書を熟読していた。その夏は、不思議と何の障害もなく、参禅入室が許されたのだった。

瞑想の仕方については、いろいろ入門書があるが、道元禅師の書いた普勧坐禅儀とか、これの下敷きになったと思われる天台智顗《ちぎ》の講義を弟子の灌頂《かんじょう》が筆記したものとされる摩訶止観《まかしかん》（上下二巻岩波文庫所収）が優れている。現代人は、言葉とか概念とか納得とか、というものにとらわれて煩悩の源泉を自ら作っているように思われる。それらを根底から断絶して、自由の天地にはばたくためには、祖先の残してくれた英知の結晶を、謙虚に学ぶことが絶対に必要だと思うのである。

（TKC会報　一九九〇年二月号）

新春の誓いを祈る

新春の祈りの焦点は

いまから千二百年以上も昔のことですが、日本の天台宗を開創した最澄・伝教大師は、その論文「山家学生式」の中で「一隅を照らす、これ国宝なり」と喝破しました。どんな小さな隅っこのところでも良い、そこを確りと照らしている者が、国家の宝なのだ、という意味でしょう。世界の激動期に生きて、職業会計人という、小さな職業に従事している我われは、世界や郷土に大号令を掛けるでなし、国家社会の運命を直接左右する立場にあるでなし、単に顧問先と税務官庁等との間を駆け廻って、生活の資を得ているだけの微々たる存在ではありますが、確乎として日本の一隅を照らしている身として、やはり自分は最澄のいう通り「国の宝」なのだな、との自覚だけは持っていたいものだと思います。平成四年の新春に当たり、この点について、些か私見を述べて、TKC会計人各位に、お訴え申し上げたいと存じます。

TKC書面添付推進事務所の実数をどう思いますか

平成三年十二月三日のこと、TKC東京本社での本部審査委員会で、第十九回目の認定作業が行われ、前千葉会会長の宮崎健一先生の統裁の許で、真正の推進事務所数は全国で一、三三〇事務所だと決定され、その事務所名がTKC会報の平成四年一月号に発表されました。TKCの会員会計事務所は十二月現在で六、八〇〇事務所ですから、一九・六%(四捨五入して)に当たります。びっくりしました。何と少ない数字なのだろう。TKC会員会計人にも、馬鹿もんがかなりいるぞ、という結論です。申告是認率が九九・九九%になっていないなら、電算機会計なんてやる意味は全く無いのです。税理士の先生方は、税務官庁に頑張って勤めて二十年を経過したか、又は、国際的にも異常に難しいとされるわが国の税理士試験を突破して税理士になられたのか、のいずれかが殆どでしょう。誇り高い先生方ではないですか。現職の税務官吏が、最敬礼して受け取ってくださるほどの決算申告書を出せないなら、この資格が泣きますよ。

その原因はどこにあるのか

第一にまず覚悟の問題があります。これが開業に当たって決定的に重要な貴方の運命の分岐点です。自分は国家の認めた資格である税理士又は公認会計士として、職業生活を送る上で、ご用聞きスタイルで行くのか、それとも町医者スタイルで行くのか、どちらで行くのか、という心の底の覚悟決着のことです。貴方が若しご用聞きスタイルを採るのなら、貴方の職業生活の未来に輝く栄光は無い。惨めな職業生活の惰性の中に埋没して死んでゆくだけです。それは貴方の職業生活の運命を苛酷に決定します。

ご用聞きスタイルとは、お得意様の意向を絶対無条件に尊重し屈従する姿勢に終始するスタイルです。町医者スタイルとは、注射一本打つのに、いちいちその値段を告げて患者の許しを求める姿勢を採らないスタイルのことです。貴方は、どちらを採るのですか。ご用聞きスタイルには国家資格はむしろ不要です。絶対屈従の姿勢は税理士法第一条の「独立性」とは相容れません。

第二の原因は何か

それは釈迦がいった養心の欠落です。釈尊は阿含経の中で、信の必要と、心を養う必要を説きました。信念・信仰を持つというだけでは足りない。心を養う必要がある。職業会計人の約半数は、資格を取ったという事実に自己陶酔して、その心を養うことをやっていない。試験に合格する税法と会計学の修得だけで、自分を許してしまっている。去年の春、百二歳で亡くなったペイトン教授と並び称せられる米国イリノイ大学のリトルトン教授は、その『会計学随筆』の中で「職業会計人のための教育理論」との一章を設け、「視野を高める」(Raising the sights) という第十三節でこういっている。「会計人は理解能力と教養の幅の獲得に関心を集中すべきであって、職業上の技術やテクニックに心を占められていてはならない」と (Essays on Accountancy, p.555)。当たり前である。税法と会計学 (実は簿記技術だけだが) の一握りの知識だけで、経営者が心服するほどの教養修得を忘れ、銭集めに走っている。こういう馬鹿もんが多いんです。

第三の原因は何か

それは職員の問題です、職員が二年以上は勤務してくれないんです、と嘆く会計人は意外に多くいます。その真因は、自分自身にある、と自覚する会計人は、異常に少ない。大概は、自分は職員に恵まれないのだ、と思い込んでいる。何たる馬鹿もんか、そこが見えないのです。職員は自分と同じ人間である。とすれば、何がしかの霊性を持っている筈だ。いまは矮小未熟ではあっても、若干の直観力は持っている。その直観力が心底に機能して「この所長にはこれ以上勤務を続けるべきではない」と囁くのだ。彼はそこで離れてゆくのである。

この点が分からない方は、ニューヨーク大学のディモック教授の『管理の哲学』（A Philosophy of Administration）を読むと良い。所長たる者も千差万別だが、本格的な会計人なら、深い人間愛を抱いている筈。本能的に、そこを嗅ぎ分けている職員なら、少々手荒く鍛練されても、所長からは離れないものなんです。

第四の原因は何か

次も職員の問題ですが、絶対に性急な変化は求めないことです。ＴＫＣの会員会計人で、或る日突然に職員が全員退職してしまった、という実例が四例あります。『飯塚毅会計事務所の管理文書』を入手して、「これだっ‼」と思ったのは良いとして、人間性を無視して、即座にその完全実行を職員に求めてしまった先生が四人いたのです。この全員退職の件ですが、それを全て所長の人格のせいにするのは間違いです。現代医学の通説ですが、全ての人間は、悪質な遺伝子を七つから八つ位は持っているそうです。数えてご覧なさい。平安時代初期まで遡りますと、我われの先祖様の数は十兆を超えます。世界の全人口を五十五億と仮定して、その千倍以上いや無限に近い先祖様がいるのです。ですから、強盗も殺人犯も、狂人も、ありとあらゆる人間が祖先の中にいたことが分かります。その無限な遺伝子の暴発を抑止するものは、教育と養心であることが、お分かりでしょう。自制心の鍛練が暴発を防ぐのです。鍛練、鍛練。

飯塚の事務所にも危機が三回あった

その第一回目は、昭和二十六年十二月でした。職員代表と称する者が、月給の二倍増額を要求してきたのです。当時の二倍は鹿沼市長の上をいく額でした。別な男が慰安会をやってくれという。そこで鬼怒川温泉でやりました。その翌朝、全員が揃った朝食の時に、例の職員代表から、全員退職を通告されたのです。十三人の職員が、運転手を除いて全員やめていきました。後で知ったのですが、その自称職員代表は、元警察官でした。仲間だった元警察官からの知らせで、終戦直後、公金二万円の輸送を命ぜられ、紛失したと称して警視庁を退官して郷里に帰った人だったとのこと。後日、県の税理士会長になった方です。

第二回目は、昭和四十年の元旦でした。職員の代表と称する者が、電話で幹部全員の退職を通告してきたのです。栃木県鹿沼市からの電話を神奈川県の茅ヶ崎市で受けたのです。記帳の経理会社をやる計画で自分らの会社を作った、という。税理士法違反になる可能性があるから止めなさい、と強く勧告し、老齢のOBで税理士資格ある者を所長とするようにやっと変えさせました。検事からの通知で知ったのですが、職員を代表して退職を通告してきた者は、元の東京小石川税務署員で、徴収してきた税金を着服して、懲戒免職になった前歴ある者でした。人生って、ほんとに面白いものです。

第三回目は、たしか昭和四十五年の十二月でした。TKCの女性職員ですが、年末手当として、ボーナスとは別に、金三万円を支払えといってきたのです。即座に応諾したので、本人は〝しまった〟という顔をしていました。かなりの美人でしたが、後で聞いたところでは、「全員退職」で脅かそうとしたが、女性の発案なので皆が乗ってこなかった、という話でした。彼女は間も無く退職して去りました。その後、警察から名指しで連絡があり、こういう娘《こ》はいないか、革マル派の人間なのだが、という。退職しました、と伝えたら、そのままになりました。

私が馬鹿もんだった話ですが、飯塚も五十過ぎまでは無防備な人間だったのです。

結論は何か　どうせ人間は必ず死ぬのですから、生きている間に、どういう生きざまを見せて死ぬかでしょう。老子は「大器は晩成す」といいました。ショーペンハウエルは「人間四十歳位までに社会生活上での防禦力のついてしまった者は大成しない」(Arthur Schopenhauer, Sämtliche Werke, Band IV : Parerga und Paralipomena. I) といいました。私は、五十歳を過ぎても社会生活上の防禦力が身につかなったのですから、よっぽどの馬鹿もんだということになります。これから晩成するかどうか、です。然し、それでもわが全関与先が書面添付を実践できる体制にあることは間違いありません。ですから、馬鹿もんの中ではましな方かも知れません。そこでちょっと注意して頂きたいのですが、どんなに腹が空いていても毒まで喰っては終わりです。つまり、一流弁護士の先生がそうであるように、顧問先は選別しなければいけない、ということです。

今から四十年も前のことですが、私は月額三万円の顧問先を解約したことがあります。収入が少なくて、一軒でも欲しかった時代でした。然し、この会社は私の助言に耳をかさない会社だったのです。ここに職業会計人の重大な岐路があります。自分は、金さえ貰えれば、どんな顧問先でも良いのか、という根本問題です。私は、「貴方の会社と共に、地獄まで落ちて行っても良いとの決心が出来ていませんから、解約させて頂きます。」と解約通知書に書いたものでした。

最後になりましたが、新春の劈頭《へきとう》に当たってお願いがあります。それは、昨日より今日が、今日より明日が、という風に、自分は必ず優れた職業会計人になるぞ、と心の底で日々誓って頂きたいことです。マックス・ウェーバーという偉大な社会学者がいった「イデアールティプス」(理想型)の堅持という人生成功の秘訣は、心中における誓いの日毎の反復のことだったのです。

(TKC会報　一九九二年二月号)

参考資料

二十一世紀に向けての政策課題

【TKC全国会の結成目的を再確認する】

A 総論

TKC全国会が昭和四十六年（一九七一年）八月に結成されてから、すでに二十三年が経過し、その間TKC会員事務所の数も七〇〇〇を超え、またTKC全国会の諸活動も多岐にわたっている。

本日、第十一回のTKC全国役員懇話会を迎えて、ここにTKC全国会の結成目的を再確認するとともに、二十一世紀に向けての政策課題をまとめてみたい。TKC全国会として、二十一世紀に向かって取り組むべき課題は極めて多方面に及ぶところであるが、その重要性、緊要性の角度から次の五項目について問題を提起したい。

一、租税正義の実現
二、税理士業務の完璧な履行（申告是認率の飛躍的な向上を目指して）
三、TKC会員事務所の経営基盤の強化

四、TKCコンピュータ会計システムの徹底活用
五、前記の目的を達成するための会員相互の啓発、組織運営、互助及び親睦

B 各論

一、租税正義の実現

税理士または公認会計士として生活する以上は、それなりの誇り高き行動原理をもって社会から信頼され、尊敬されるようでなくてはならない。そのためには理念の堅持が絶対の要件となる。弁護士の場合は、弁護士法第一条に「人権の擁護」を掲げ、次に「社会正義の実現」をあげている。この二つが弁護士の大切な社会的使命であると同様に、職業会計人としては「租税正義の実現」を第一の価値目標として位置づけなくてはならない。

わが国では、租税正義を正面から論じている著作物は少ない。税法学で世界のトップをゆくと自他共に認めている前ケルン大学教授のクラウス・ティプケ博士（Dr. Klaus Tipke）には、『租税正義』（Steuergerechtigkeit）という名著があるが、その中で租税正義に関する「ペレルマン氏の六原則」（Die sechs Regeln Perelmans）を紹介し論じており、その一番目に来るのが「すべての人に平等をの原則」である。

（参考）ペレルマン氏の六原則（Die sechs Regeln Perelmans）

(1) すべての人に平等（公平）をの原則
(Jedem das Gleiche)

(2) すべての人に、その利得に応じての原則
(Jedem nach seinen Verdiensten)

(3) すべての人に、その働きに応じての原則
(Jedem nach seinen Werken)

(4) すべての人に、その必要に応じての原則
(Jedem nach seinen Bedürfnissen)

(5) すべての人に、その地位（階層）に応じての原則
(Jedem nach seinen Rang)

(6) すべての人に、原則に従って配分されたものに応じての原則
(Jedem nach dem ihm durch Gesetz Zugeteilten)

——ティプケ博士の追加原則——

(7) すべての人に、その能力に応じて（力量に応じて）の原則
(Jedem nach seinen Fähigkeiten 〈nach seinen Möglichkeiten〉)

ＴＫＣ全国会は、租税正義の理念に奉仕するために、次の行動指針を掲げ、広く関係各界に訴え続けるものとする。

(1) 租税正義の実現のため、租税と税務行政にかかる法令等の改正について、国会、行政当局及びマスコミに対して提言を行う。

(2) 法改正を実現するために、国会議員との提携を強化する。

(3) 社会的影響力を強化するために、ＴＫＣ会員一万事務所超体制を構築する。

（参考）ＴＫＣ全国政経研究会が租税法等の改正運動として掲げている主な重点目標は、以下のとおりである。

(1) 商行為を行うすべての商人に綿密な記帳義務を制度として課することの立法化、に関する件。

(2) 会計帳簿の基本的な記帳条件として、完全網羅的であること、真実であること、適時性があること、整然明瞭であること、を商法及び税法において単一条文として明記すること、に関する件。

(3) 世界第二位のコンピュータ設置台数を誇るわが国において、コンピュータの不正利用による脱税の増加傾向に鑑み、米独仏等の立法例にならって、電子計算機で財務計算を行う場合の「コンピュータ会計法」（仮称）の創設、に関する件。

(4) 消費税において、いわゆる「益税」防止対策として、簡易課税制度の見直しとEC型インボイス（税額別記の伝票）方式の早期導入を図ること、に関する件。

二、税理士業務の完璧な履行（申告是認率の飛躍的な向上を目指して）

税理士法第四五条の規定によって、税理士は「真正の事実」を踏まえて業務を遂行すべきことが義務づけられていることを瞬時も忘れてはならない。ここを忘れている税理士が意外に多い。昭和四十四年以来、全国の職業会計人に対して、コンピュータ会計導入の成功条件として、会計事務所の経営体質の改善と業務の品質管理が絶対に不可欠であり、また当然のこととして申告是認率九九・九九％の達成を目指すものでなくてはならない、と訴えてきた。

職業会計人が、わが国の中小企業の健全な発展を願い、租税正義実現の実質的な担い手であると自認する限り、法の求める税理士業務を完全に履行し、社会から信頼され尊敬される立場を獲得しなければならないことは当然である。そのために、TKC全国会とTKC会員は次の項目を行動指針として掲げるものとする。

(1) 巡回監査を完全実施するための体制を何が何でも構築する。

(2) 税理士法第三三条の二に基づく書面添付運動を強力に推進する。

(3) 会計事務所の業務水準の向上と法的対抗力の充実のための業務マニュアル等の研究開発及びその普及を図る。

三、ＴＫＣ会員事務所の経営基盤の強化

不況の長期化と産業構造の変化による関与先企業の経営環境の変化、さらに国際化の問題を含めて、会計人業界の競争が激化していく中にあって、あくまで税理士業務の完璧な履行を実践し、またわが国の中小企業が抱える様々な問題の解決を積極的に援助していくためには、会計事務所の経営基盤の強化が何よりも重要な課題となってきている。

さらに会計事務所内にあっては、(イ)税制の複雑化、税目の拡大による業務の多様化と高度化、(ロ)コンピュータを中心に急速に進む技術革新に対応した業務処理体制の近代化、(ハ)関与先企業に対する継続的な経営助言サービスを提供するためのノウハウの研究開発、(ニ)より優れた人材の確保、さらに、(ホ)損害賠償訴訟事件多発化への対応、などといった新しい経営課題が生まれてきている。

これらの問題に適切に対処してゆくためには、会計事務所においても経営革新が不可避である。そのため、すでに会計事務所の経営は個人事業としては限界点に到達してきており、税理士法人の法制化を求める気運は日増しに高まってきている。

この点に関して、ＴＫＣ全国会は積極的に業法の改正を提言しなければならない。

またそれと同時に、これまで以上に会計事務所の経営基盤の強化と業務品質の向上を図るため、会員並びに職員の継続的な研修を強化充実すると共に、関与先企業の完全防衛を目的とする企業防衛制度の推進、リスクマネジメント制度の普及など、提携企業との連携も一層強化していかね

ばならない。

（参考）TKC全国政経研究会が業法改正運動として掲げている主な重点目標は、次のとおりである。

(1) 公認会計士、税理士による法人の形態を問わない税理士法人及び会計法人の設立を認める、との法制を求める。

(2) 第三次商法改正に際し、衆参両議院においてなされた「商法等の一部を改正する法律案に対する付帯決議」における「中小会社の計算の公開、並びに会計専門家による適正な監査制度」条項の早期実現を図る。また、外部監査人の絶対的不足の事態を打開するために、ドイツ連邦共和国の立法例にならって、簡略試験（仮称）によって、概略二万人程度の税理士を公認会計士に移行させる運動を行う。

(3) 税理士法及び公認会計士法に、ドイツ税理士法、公認会計士法及び日本の弁護士法と同様、懲戒事案の除斥期間の設定を求める。

四、TKCコンピュータ会計システムの徹底活用

前記二（税理士業務の完璧な履行）及び三（TKC会員事務所の経営基盤の強化）の課題を確実に実現するためには、TKCコンピュータ会計システムの思いきった徹底活用が重要な前提と

なる。

昭和四十七年（一九七二年）以来、ＴＫＣ全国会システム委員会の指導の下に開発されてきたＴＫＣコンピュータ会計システムは、常に法令に完全準拠してきており、その徹底活用と「データ処理実績証明書」による第三者証明の活用は、巡回監査の実践と共に正規の会計帳簿の信頼性を確保し、会計事務所の水準を誇示するための最善の方策なのである。

ＴＫＣコンピュータ会計システムの利用環境は、情報技術の進歩に伴い大きく変化してきたが、その開発思想はあくまで「会計事務所の職域防衛と運命打開」に焦点を当ててきた。この方針は、今後とも基本方針として堅持しなければならない。

特に今日、コンピュータのダウンサイジングはパソコンの台頭とその急速な普及をもたらし、近未来の会計事務所の職域において、ある意味で、大きな脅威となりつつある。平成五年のパソコンの国内出荷量は二百十五万四千台であったが、平成六年においてはその四割増しの三百万台を突破するものと予測されている。そのもたらすものを、各位は予見すべきである。

このようなパソコンの普及の速度はさらに加速し、中小企業の情報化を飛躍的に促進させ、パソコンに習熟した勤労者を多数輩出することにより、自計企業が増加の一途をたどることになろう。ここがドイツと日本の税理士の職業環境の決定的分岐点である。その結果は、伝統的に記帳業務に依存する大多数の会計事務所の経営基盤を脆弱化させる危険性をはらむものである。特に、目前の打算から、事務処理体制の所内の二元化を図り、予見力の絶望的貧困さを露呈する会員が増えつつある。

そのことは会計事務所にとっての真の経営危機が目前に迫りつつあることが理解できない自滅的会計人が今増えていることを示している。

これに対処する最善の道は、関与先企業用の自計化システムの開発において、英知を結集し、その内容を他が追従できない程度にまで継続して充実させていくことである。

ＴＫＣ全国会（システム委員会）における具体的課題は次のとおりである。

(1) 急速に進歩するコンピュータの技術革新の成果を最大限に活用した「会計事務所の職域防衛と運命打開」のためのシステムの研究と開発を行う。

(2) ＴＫＣコンピュータ会計システムと開発思想の掘り下げとその普及促進を図る。

(3) ＴＫＣ自計化システムの内容を、他が追従できない程度にまで継続して充実させてゆく。

（参考）ＴＫＣ自計化システム構築の六大原則

第一原則　〔税務は会計事務所の本来業務〕

第二原則　〔管理会計と財務会計の分離〕

第三原則　〔月次の巡回監査の組み込み〕

第四原則　〔戦略経営者支援システム〕

第五原則　〔トータル・サービス指向〕
第六原則　〔会計事務所主導による自計化戦略の基盤強化〕

五、前記の目的を達成するための会員相互の啓発、組織運営、互助及び親睦

前記の目的を達成するためには、会員それぞれが一人は万人のために、万人は一人のためにとの理念を共有し、「TKC会計人の基本理念（二十五項目）」を基盤とする相互啓発に努めると共に、会員一万事務所超体制への対応さらには若手TKC会員の登用と会務の活性化のため、TKC全国会会則等諸規定の整備を図るものとする。

また、TKC全国会の第一回全国大会の際にTKC全国会顧問・故中村常次郎教授が、団体が健全に成長してゆくためには、組織の中に自浄機能を持つことが絶対に必要であると強調された。TKC会計人の行動基準書の改定にあたり、その組織原則の明確化を図っていかねばならない。

さらに、会員に対する援護制度（厚生制度・事務所承継制度）を整備してゆくことも重要な課題である。

C　結　論

以上五つの課題は各々難問であるが、必ず克服してゆかねばならない。そしてその実践の中核的役割を担うものは、本日ご列席の皆さんである。

各地域には、己が進むべき方向を迷っている会員が多い。元寇の際、北条時宗の迷いを一喝で粉砕した無学祖元の「莫妄想」（自分の妄想を脱却せよ）との一言に学び、役員の皆さんには自己の本来の使命に、一直線に邁進するよう地域の会員を指導し督励していただきたいのである。

（ＴＫＣ会報　一九九四年九月号）

ＴＫＣ創設の思考過程と企業理念

㈱ＴＫＣ創業二十五周年記念誌
『ふるさと日本25』より抜粋

それは昭和三十七年（一九六二年）九月上旬のことだった。アメリカのニューヨーク市で、第八回世界会計人会議が開催されることになり、その主会場は世界的に有名なウォルドフ・アストリヤ・ホテルであった。私は全日本計理士会の添田会員（後の日税連会長）ら六人の代表たちと日本を発ち、まずサンフランシスコに着き、自分の昭和二十七年以来の顧問先であるアメリカン・プレジデント・ラインズ（ＡＰＬ）の本社を訪問し、重役連中との会議をもち、次いで、カナダのトロント市で、カナダ公認会計士協会の幹部たちとの交歓の後、ニューヨークに飛び、セントラル・パーク前のプラザ・ホテルに止宿して、世界会計人会議に出席した。

会議の真ん中に当たる日に、息抜きの為のゴルフなどの慰安日があった。好機逸すべからず、私は五番街のＡＩＣＰＡ（米国公認会計士協会）本部に、当時の専務理事（後の副会長）のＪ・Ｌ・ケアリー（Carey）氏を訪ね、4時間近く懇談した。焦点は米国の職業会計人を取り巻く社会環境やその対応策であった。ここで意外なことを二つ知った。一つは、全米七、〇〇〇に及ぶ銀行がコンピュータによる財務計算の受託業務を開始し、職業会計人の職域が大々的に荒されている、ということ。二つめは、銀行の介入によって、小規模会計事務所の関与先が、国家的規模をもつ大会計事務所に相当な速度で吸収されている、ということであった。第一の点については、協会はワシントンの議会に陳情し、銀行による財務計算の受託を禁止する立法処理をとってもらおうとしたが、憲法上の営業の自由を根拠として、議会からは断わられた、という。二つめの点については、規模の大小を問わず、アメリカの公認会計士事務所の業務が均質性をもっているという点を、全米銀行協会の一五、〇〇〇の全会員に周知させる必要があるから、協会の倫理綱領（The Institute's Code Of Ethics）と全会計事務所の所在地図一覧とを送達し、併せて、別途の施策として職業会計人の生涯教育に努力を集中していく、ということであった。この二点は、懇談中に感受した、重点課題であった。この日、懇談後に、私はニューヨーク市内の書店を廻って、二〇〇冊ばかりのコンピュータ関係の参考書を注文した。

プラザ・ホテルに戻ってから、この二点について熟考する機会をもった。さあどうする、と自分に向かって問い詰めてみた。結論はこうだった。アメリカのこの動きは、必ず遠からず日本に影響してくるに違いない。銀行による顧問先の収奪から、会計事務所を防衛しなければならない。最も効果的な会計事務所の防衛策は、私が自ら計算センターを創ってしまうことだろう。先端的な日本の職業会計人は、先を争うように、自ら計算センターを作ろうとするだろう。北海道から沖縄まで、続々と計算センターが創られてゆくだろう。だが、日本の職業会計人は、先端的であればあるほど、内心に秘められた利己心の追求という呪縛（じゅばく）からは脱却できない。開業以来二〇年間の私の観察によれば、日本の多くの会計人は哲学を勉強しようとしていない。従って、「自利とは利他をいう」、と喝破した日本天台宗の開祖最澄伝教大師の、人間の生き方に関する、ギリギリの哲理については、理解が届いていない。また、日本の職業会計人を取り巻く法律的環境は、一言にして言えば貧困そのものである。税法然り、会計法規然り、である。それは一体、何に基因しているのか。憲法上、国会は国の唯一の立法機関である、とされているが（四一条）、その国会を構成する国会議員諸公は、その本来的な任務である法案作成を避け、立法事務の殆どを官僚に任せている。その官僚は、栄達と保身とが中心的な内心の衝動核である結果、立法事務については、先見的自発性と積極性とに欠けてしまう。従って、放置しておけば、日本の法律は、先進文明国の中では、常時劣位に立ってしまう運命にある。例えば、ドイツには既に「戦争法」（Kriegsgesetz）までが作られているが、日本には、国の未発の非常事態に対応する法律さえ作られていないのである。

それればかりではない。日本には、会計事務所の効果的・合法的・発展的運営に関する手引書すら無い。この点では、日本の会計事務所を取り巻く社会的環境は貧困すぎる。米・英・独・仏の各国と比較すると、この点の貧困さは、ぞっとするばかりである。その原因は、日本が国家として、会計事務所の法人化を認めなかった点が、もっとも大きい、と認められる。この点は、私が計算センターを開設した暁には、その全会員に、飯塚毅会計事務所の長年かけて練り上げた管理文書を、全面解放して、その体質改善に貢献しなければならない。

以上の考え方がほぼ固まった昭和三十八年二月、私は専修大学法学部大学院教授の田中勝次郎博士から、意外なことを聞かされた。田中勝次郎博士は日本税法学会の初代理事長であり、国税庁法律顧問であり、東北帝国大学時代の私の恩師勝本正晃博士から、飯塚の法学博士の学位論文執筆上の指導教授を委嘱されていたお方である。話の要点は、国税庁が飯塚毅税理士の抹殺を狙って調査を始めた、というものだった。突如としての、国税当局と真向から対立するいわゆる飯塚事件の勃発である。翌昭和三十九年三月、宇都宮地検は飯塚の職員4名を逮捕拘禁し、五月一日に公判を開始し、昭和四十五年十一月十八日の判決公判で無罪が宣告されるまで、実に六年半を費したのだった。その前、飯塚事件勃発以来一度も飯塚を喚問しない当局の態度を不快とし、私は国会を通して検事総長に対し飯塚の喚問を要求し、昭和四十年七月末、宇都宮地検に出頭し二日間に渡り、詳細に当局の主張を反駁し、主任検事はこれを丁寧に書き取り、終って私に詫びたのだった。私は、法廷が事件の決着としての判決を出すのを待たず、事件の表面上の鎮静を待って、昭和四十一年十月、栃木県計算センター（ＴＫＣ）を宇都宮に創設した。資本金は一〇〇万円だった。

国税当局による飯塚は大型の脱税指導者だとの宣伝が行き届いていたのか、会員会計人の募集は難渋を極めた。数千通のＤＭを出して東京商工会議所に導入セミナーを開催しても、集まる会計人は一人か二人、時にはゼロということもあった。泣かされた。然し、初志忘るべからず、でである。職業会計人の職域防衛と運命打開の悲願は、蟻の歩みのように遅い速度ではあったが、徐々に全国の職業会計人業界に浸透して行った。計算センターは、東京へ、大阪へ、岡山へ、と伸びて行った。伸びるたびに電算機は富士通さんにお世話になったが、とくに富士通さんが、『電算機利用による会計事務所の合理化』と称する私の著作を、何万部となく、無償で印刷提供して下さったのは有難かった。

このＴＫＣの揺籃期に、栃木県黒磯町（後の黒磯市）の津久井昭税務課長（後の助役）から、電算機による地方自治体行政の効率向上の緊急性を説かれ、愕然として眼から鱗が落ち、この領域進出の指導を頂き始めたことはＴＫＣの社史にとって画期的な出来ごとだった。

さらに、当時日本オリベッティ社に在職していた伊藤重一、鎌本勝博の両君を通してルチアーノ・コーヘン社長に接触する機会を得、この社長の紹介で西ドイツのＤＡＴＥＶセンターのハインツ・セービガー社長（Dr. Heinz Sebiger）との連携が生まれたことは、決定的な事件だった。昭和四十七年一月、私は長男（現ＴＫＣ社長）を伴ってＤＡＴＥＶを訪問し、社長達と会談し、ＤＡＴＥＶとＴＫＣとが、その経営の根本理念において完全に同一であることを互いに確認して歓喜しかつ雀躍した。

なお、経営の基本理念として、「自利とは利他をいう」とした最澄の解釈を取り、栄西がその「興禅護国論」において善戒経の解釈を引用した解釈を取らなかった理由は、前者の方が、後者よりも遙かにその解釈において深遠かつ正確だと判断したからに他ならない。

||鼎　談【『バンガード』一九八九年十月号より】||

ドイツからみた日本の税制と商法

ダーテフ協同組合理事長・名誉政治学博士
ハインツ・セービガー（Dr. Heinz Sebiger）
西ドイツ連邦税理士会会長・法学博士
ヴィルフリート・ダン（Dr. Wilfried Dann）
ＴＫＣ全国会会長・法学博士
飯塚　毅

西欧会計人界の両巨頭を迎えて

――飯塚博士〈今日はお客様に合わせてそう呼ばせて頂きます〉はセービガー博士とは旧知も旧知、「ブルーダー（兄弟）」と呼びあう間柄と聞いておりますが、ダン博士とこうして話し合われるのは初めてですね。

飯塚　セービガー博士とは仰言る通りで、一九七二年（昭和四十七年）、ニュルンベルクのダーテフ本社に参って以来の親友であり、同時にライバルです（笑）。

セービガー　そうです。ただし良きライバル（笑）。

飯塚　ダン博士とは西ドイツで一度お会いしています。

セービガー　ここにいらっしゃるダン博士はドイツにおける私の多年の盟友です。全国で十七ある税理士会の上部団体である西ドイツ連邦税理士会の会長という要職にあります。

飯塚　それだけでなく、ドイツ税法学会の会長もしておられる。そのほかヨーロッパ全体の財務協会（ＣＦＥ）の会長でもあられる。

ダン　いや、ＣＦＥの方は名誉会長です。日本に来たのは初めてですが、聞くと見るとでは大きな違いがありますね。日本の凄さに圧倒されています。

――私の方は西欧会計人界の両巨頭をお迎えしているという実感に圧倒されます（笑）。それではバトンを飯塚博士にお渡ししますので、よろしくお願いします。

ドイツにおける記帳義務の沿革

飯塚　まず私の方からダン博士とセービガー博士に質問することで始めさせて頂きます。

ドイツの場合は国税通則法（ＡＯ）という法律があって、その一四〇条で会計帳簿を記帳すべき人の範囲がきちっと規定されています。ところが、日本の税法ではそうした明確な規定がありません。そのためにいろいろな問題が起こっています。これは日独の決定的な差で、私はあらゆる機会をとらえてこの点を指摘、当局に改善を促していますが、残念ながらまだ実現しておりません。

　そこでドイツではいつから記帳をきちんと強制的にさせるようになったのか。そのことからお伺いしたい。

セービガー　いま飯塚博士が言われた国税通則法が施行されたのは第一次大戦が終わった一九一九年（大正八年）です。

　これには有名な税法学者エンノー・ベッカーの努力がありました。それまではいわゆる本体としての税法と税処理法とに分かれていたのですが、これを統一してライヒ国税通則法を作ったのです。

ダン　記帳の義務化は、ドイツ商法の規定が先行しています。ドイツ商法はご存じのように一八七一年(明治四年)、ビスマルクによるドイツ統一によって全独の統一法となったわけですが、その通則で既に記帳を義務づけているのです。

　統一以前にも、ドイツ諸国で施行されていた商法の中には帳簿を正確に記帳することを義務づけたものもありましたが、統一商法の成立によって、記帳義務が一般的になったということです。

セービガー　ところで記帳についてドイツでは、商法と、税法すなわち国税通則法では違った考えをしていました。

　商法では個々の商人あるいは経営者が、自己または自社の財産をあまり高く評価しないように抑えます。反対に税法では、税金を多くとるのが目的ですので高く評価することをめざしますから、自然にそういう違いが生じたわけです。

この違いは一九七七年（昭和五十二年）の国税通則法の改正で是正されました。その結果、記帳義務を規定した国税通則法の一四五～一四七条と商法の二四八～二四九条は同じ内容になっています。

ただ実際には、判例では商法を適用する場合と国税通則法を適用する場合とで差が出ていました。すなわち商事貸借対照表が税務貸借対照表よりも優位に立つということでやっていたのですが、最近では実際の適用に当たって矛盾が出ていました。

正規の簿記の諸原則と会計指令法

飯塚　ドイツにおける記帳義務をめぐる法制の沿革・変遷について、簡にして要を得た解説に感謝します。

ダン博士が言われたようにドイツ商法に記帳義務が規定されたのは一八七一年ですが、「正規の簿記の諸原則」という言葉が使われたのは一八九八年（明治三十一年）の改正商法からでしたね。ただし、それは中身がなかった。セービガー博士が言われたように、一九一九年十二月十三日に成立したライヒ国税通則法で、初めて内容が具体的になったのですね。

ダン　飯塚博士の正確な記憶には敬服します。まさに仰言る通りです。ただ、法律ではそうですが、「正規の簿記の諸原則」に則った記帳は、それまでも商人の慣習として行われていました。

飯塚　そうなんですね。そこがドイツの凄いところです。日本には法的にも慣習としても、それがなかった。そこで私は政府の要路――例えば法務省当局はむろん内閣官房長官に対しても、ドイツでは記帳義務が長い間、一般化しており定着している。日本がその努力をしていないのは間違いだ、とアドバイスしてきました。

ダン　飯塚博士は卓越した専門家で、私ども西ドイツ税務研究所でも『正規の簿記の諸原則――その日独法制の比較論』のドイツ語版を刊行させて頂き、貴重な教えを受けております。その一事でも分かるように、博士はこの分野における大家であります。

この「正規の簿記の諸原則」はドイツ商法にも会計指令法という形で採り入れられておりましたが、一九八六年、EC全体の動向に歩調を合わせてさらに改正され、現在にいたっております。

飯塚　そうですね。

セービガー　ところでドイツでは日本と同様に税務計算をコンピュータで行うことが増えております。そうなるとAO（国税通則法）に相応するだけでは駄目で、AOに関するコンピュータ処理の原則に合ったやり方でコンピュータ簿記をしなければなりません。

これは正規の簿記の諸原則と全く同じことで、コンピュータ簿記の諸原則というのは、要するに納税者の保護に役立ち、税務署に対して正しい納税が出来るようにすることです。

飯塚　ダン博士は会計指令法と言われました。これは一つの法律のように聞こえるが、そういう名で包括しているだけであって、実際は関連した三十九の法律の改正のことなのです。だからその条文を合わせると六百五十頁にものぼります。
そのことと、今セービガー博士が言われたコンピュータ会計の原則の問題は、若干次元が違いますから、これは順序を追って話し合いましょう。

セービガー 分かりました。それでは会計指令法からいきましょう。

飯塚 ダン博士の言われるように、ECでは会計指令法に沿って商法改正が行われている。しかもその改正は、こと会計に関しては条文が百ヵ条以上ある。これは日本人にとって驚きです。日本の場合は記帳に関しては僅か五ヵ条しかありません。圧倒的にドイツに先を越されています。

ダン 百ヵ条と言われたが、それは私たちが当然果たさなければならない義務だけでなく、会計監査の仕方、年次報告の書き方、状況報告をはじめ、各種書類をマイクロフィルムに収めて何年間保存するといったことにまで及んでいるので、そんなに膨大になっているわけです。
今回改正された中で一番大きな部分はコンピュータ会計に関する条文です。

true and fair view 導入の経緯

飯塚 会計指令法は、単に税法と商法との調整を図ったのにとどまらず、一九四八年（昭和二十三年）のイギリス会社法に盛られた true and fair view――真実かつ公正なる見解――という考え方を採り入れた。つまり一歩踏み出してヨーロッパ全体のためにイギリスの会計理論を十三ヵ条にわたって反復して採用したところに、特筆すべき性格があると私は思っています。

そこに至るまでに、ドイツの学者はイギリスの学者と十年ほど論争したのでしたね。

ダン　事態は飯塚博士が言われるように動いたわけですが、我々の立場からするとこうなります。すなわち、イギリスがECにまだ加盟していない時期に、加盟諸国は会計に関するECの指令——第四、七、八、九号に沿って関連法規を改正する努力をしていました。それがほぼ終わった段階でイギリスが加盟したわけで、イギリスは大陸法を大幅に受け入れなければならなかったのです。イギリスの法学者達はtrue and fair viewについては、イギリスが大きな貢献をした、と言っているようです。

しかし、それと類似した考え方はドイツの株式会社法にもありましたし、他の諸国の商法にもありました。

セービガー　誤解を避けるために申し上げますが、ドイツ商法と税法の調整は会計指令法に則ってなされたばかりではなく、既に一九七七年のAO（国税通則法）によって行われていたのです。

飯塚　いずれにせよ、ドイツの商法と税法は適宜に調整が行われており、一致する条文がたくさんある。日本はその点ばらばらです。それが困るんです。

ダン　ドイツでは両者が一致するよう努力したわけです。

飯塚　ドイツが羨ましいですよ。一番いい例は新しい商法の二三八、二三九条には、正規の簿記の諸原則が明記してある。それと同じ規定が国税通則法にもある。そうした整合性が日本では欠けているのです。

ダン　飯塚博士がいかにドイツ商法にくわしいか、まざまざ分かります。

飯塚　いやいや。

これには日本の立法の仕方にも問題があります。ドイツの会計指令法の場合、法案は国会に提出するはるか前に公表されましたが、日本では公表はぎりぎりになってからだから、国民は前もって研究することが出来ない。

ダン　ドイツでは、例えば会計指令法の場合、私たちは何年もかけて討議しました。通常の法律の場合は、新しい法律は計画段階で関係団体——税理士会などに当局から「見解を聞かせてほしい」と依頼状が来ます。それから関係官庁での公聴会、国会の委員会での意見と聴取があり、そうしたプロセスを経て、まとまった法案が一般に公開されます。

飯塚　日本では例えば税関係の法案は、普通その年の二月に公表されて四月末には決まってしまいます。

セービガー　日本の政府がドイツのようなやり方をしないのは残念ですね。ドイツではダン博士の連邦税理士会は意見を聞かれ、対案を求められ、それが妥当であれば法律の中に織り込まれますがね。会計指令法の時も税理士会は影響力を行使しましたよ。

ダン　日本の政府当局や国会は、専門家や関係団体の意見を聞かなくても立派な法律が作れるほど、能力のある人が沢山いるということですかね（笑）。

——それはどうでしょう（笑）。しかし政府の諮問が不十分なので、飯塚博士のような方が放っておけなくて、乗り出すことになるのです、今の日本は。

英米法とドイツ法の違い

飯塚 話を戻します。さっきダン博士がイギリスはEC加盟に伴って大陸法の考えを受け入れたと言われました。ところがイギリスは一九八五年の改正会社法でも、会計処理に当たっての適時性の原則は採り入れていない。これは何故でしょう。

ダン イギリスは商法と税法を厳密に分けていますが、大陸法を採り入れたと言ったのは商法の方なんです。

もっと大きな理由は、イギリスの法制は伝統的に不文律というか慣例を大事にします。ドイツ法と違って最後の一句まで厳密に表現することに一種の恐れを持っている。あるいは躊躇する。そういうメンタリティのためではないですか。

飯塚 そのイギリスの考え方が影響してアメリカの会計理論の中にも適時性の考えがない。それを学んだ日本のプロフェッサーたちの本のどこを見ても「適時性」が出てこないのです。

ダン 釈迦に説法ですが、アングロ＝サクソン法とゲルマンないしローマ法には大きな違いがあります。ゲルマン法はポジティブといいますか、法律の条文で何もかも規定しようとする傾向があるのに対し、アングロ＝サクソン法は慣例を大事にする。すなわち法律の条文では基本的なことしか書かず、問題が起こると裁判で処理する。その判例で内容を充たしてゆくわけです。そこから両者の違いが出て来ます。

飯塚　仰言る通りですね。

ダン　いまECで問題になっている食い違いは、適時性とかtrue and fair viewといった原則ではなく、もっと具体的な問題です。例えば機械の減価償却について、どの時点で原価を査定するかをめぐって意見の違いがあります。

飯塚　分かりました。

税理士から公認会計士への道

飯塚　ところで、ダン博士の言われる会計指令法の中には、ドイツ公認会計士法の改正条文が二十二ヵ条あり、その中に税理士、弁護士を公認会計士にするための試験を制度化しています。この制度はドイツで順調に定着していますか。

ダン　従来、株式会社の会計監査は公認会計士しか出来ませんでした。ところが、ドイツでは圧倒的に数の多い有限会社も会計監査をしなければならないという法改正があり、このドル箱を公認会計士だけが扱うべきか、あるいは弁護士、税理士にもやらせるかをめぐって、両陣営の間で長らく論争がありました。

飯塚　そうですね。

ダン　この論争は会計指令法が討議され、出来上がるまでの十年ないし十二年にわたって続いたわけですが、セービガー博士や私などがいろいろ努力して、税理士、弁護士でも試験を受ければ公認会計士になれる道を開いたのです。その結果は上々です。

飯塚　数字的にはどうなっていますか。

ダン　二、三千人の税理士が試験を受け、公認会計士の資格を取りました。これはドイツの税理士の六ないし七パーセントに当たります。これは西ドイツ連邦税理士会の努力の賜物と申してもよいでしょう。

この簡易試験は今年末までしか有効ではありませんが、私たちは心配していません。つまり、簡易試験ほど簡単ではないが、ある程度の試験を受ければ同じように資格は取れるからです。この業界で仕事をする人は、まず税理士になり、三年ほど経験を積んでから試験を受け、公認会計士の資格を取るようになるでしょう。

飯塚　それは結構なことです。日本では今、税理士会と公認会計士協会が同じ問題で正面衝突している最中です。

セービガー　日本の税理士は五万人余りと聞いていますが、公認会計士は？

飯塚　約八千四百人。非常に少ないのです。西ドイツの株式会社は連邦統計庁の発表によれば二千二百六十二社。有限会社は三十七万社弱と圧倒的に多い。それに対して、日本は資本金二千万円以上の株式会社だけで十九万三千社、ドイツの実に八十五倍です。

ヨーロッパの動向に合わせて、この多数の株式会社を全部監査の対象にすると、日本の公認会計士の数は余りにも少なすぎる。

セービガー　有限会社が多く株式会社が少ないのは、ドイツの特徴かもしれません。

飯塚　いや、日本の有限会社はドイツの三倍あります。

セービガー　合名会社、合資会社は？

飯塚　それは非常に少ない。

セービガー　有限責任ということで有限会社が多いのでしょうね。

飯塚　そうです。

ドイツ付加価値税の経験

飯塚　日本は消費税を実施して五か月になります。これは大変な反対があり、七月の参議院選挙で与党が惨敗したのですから、政府・与党は見直しを迫られています。次の衆議院選挙でも、廃止か見直しかが最大の争点になるでしょう。

その見直しの一つとして、税額を値段に上乗せして支払う現在の外税方式をやめ、値段の中に入れる内税にしようという案が出ています。内税にすると消費者に一々税を意識させないというメリットがあります。

税の先輩である西独の専門家として、これをどうご覧になりますか。

ダン　ドイツの場合、日本の消費税に相当するのは付加価値税で、平均一四パーセントかけられています。商人あるいは会社間では税額を上乗せし、最終取引高として処理していますが、一般消費者と接する店は内税方式をとっています。これは税制心理上、非常に有効です。

飯塚　どこでも同じですね（笑）。

セービガー　日本の消費税はまだ三パーセントですが、ドイツでは一四パーセントですから、これが外税だと購買意欲をそぎますからね。

——こちらは三パーセントでも大騒ぎです（笑）。

ダン　ドイツが付加価値税を導入したのは一九六八年（昭和四十三年）で、その時は一般の消費については一〇パーセント、食料品はその半分でした。今はそれぞれ一四パーセント、七パーセントとなっています。日本の三パーセントというのは、非常に低いところから始めたわけですね。

飯塚　ドイツでは付加価値税の導入は一九六八年ですが、第一次大戦の最中にカイザー・ウィルヘルム二世が取引高税を導入していますね。それが付加価値税の前身とすれば七十年以上の歴史を持つことになります。日本はその点、全くの初めてですから……。

ダン　仰言る通りです。一九一六年（大正五年）の取引高税の時は、生産者段階で四パーセント、流通段階で一パーセント、流通の末端から消費者への段階でまた四パーセントという具合だったので、流通機構や生産機構が複雑なほどその分、高くなりました。逆に消費者が卸、小売抜きで買うと、同じ品物がうんと安くなるなど競争に歪みが出ました。

その反省から、一九六八年の付加価値税導入の時は、生産から消費までの長い過程の内で一回しか税をとらないという方式で始めました。

飯塚　付加価値税導入の二年前、一九六六年十二月に西ドイツ憲法裁判所が、従来の取引高税は無効だとの判決を出しましたね。その理由のひとつはサービスに課税していないのは、国民は法のまえに平等であるという憲法第三条違反だというものであったと聞いておりますが……。

ダン　新しい付加価値税が一九六八年の一月一日から施行されることになりまして、憲法裁判所は従来の取引高税は無効だという判決を出しました。しかし、無効になった最大の理由は、さっき申しましたように生産、流通の過程で段階が多いほど同じものでも高くなるという点でした。

飯塚　なるほど。

セービガー　飯塚博士は消費税に賛成の立場と聞いておりますが……。

飯塚　私は基本的には賛成です。国会の予算委員会の公聴会でもその旨証言しました。ただし、政府原案にあった幾つかの不合理な点を改善すること、特に立法に当たる政治家が政治資金において潔白であることを要請しました。

――飯塚博士を「荒野に叫ぶ予言者」と評した人がいるのですが、あの証言はまさに予言者的でした。リクルート・スキャンダルで多数の政治家がつまずき、消費税を強行した竹下内閣が予言通り倒れたのですから。

セービガー　そうでしたか。飯塚博士に改めて敬意を表します。

税理士の独立性と中立性

飯塚　議論を進めます。

ドイツ税理士法の五七条には税理士の独立性について規定がありますが、公正性は要求していませんね。一方、公認会計士法は四三条でその公正性を要求していますね。この違いはどうして出てくるのでしょうか。

ダン　それは税理士と公認会計士の仕事の違いを反映しているのです。

税理士は特定の企業の委託を受けて仕事をしますが、彼の立場は自分の良心と法律にのみしばられて仕事をする――そういう意味で独立していなければなりません。

ただし、法律に許された枠内で、自分に仕事を委託した人の利益を十分尊重して仕事をしなければならない。そういう意味では税理士はいわば党派に属しているわけです。

つまり、依頼人の利益のために仕事をするという職業的な義務があるから、無党派性を要求されない。だから税理士法五七条は飯塚博士が指摘されたような条文になっているのです。

飯塚　なるほど。

ダン　これに対して公認会計士は、公証人――日本の公証人と制度が違うかもしれませんが――と同じように、あくまでも中立的な立場をとらなければならない。彼は公に対して正しい業務報告をしなければならない。ということは党派に与《くみ》してはならない。

飯塚　日本の公認会計士も同じ原則に立っています。

ダン　税理士の独立性について補足しますと、依頼人から「ちょっとこういう具合に」と持ち掛けられても、良心に照らして独立の立場をとる。また、税務署の方から「もう少し税額を多くするように」と言われても同様です。そういうことで、独立性ということはドイツの税理士にとっては非常に重要な条件でして……。

飯塚　その独立性を貫いてゆくと必然的に公正性にゆくはずです。だから、公正性を要請していないのはドイツ税理士法の欠陥ではないかと私は思いますよ。

一九八〇年(昭和五十五年)、日本の税理士法を改正する際、私は大蔵省に強く働きかけて独立性と公正性を条文に盛り込ませました。その結果、「独立した公正な立場」という表現になっております。

ダン　飯塚博士は公正性と言われるが、私はこれはやはり無党派性といった方が適当ではないかと思います。そして税理士の独立性は、つきつめても、その無党派性にはいきつかない。

税理士も公認会計士も依頼人のために仕事をするわけですが、さっき申したように、依頼人が何か間違ったことをやってくれと言っても応じてはならないし、税務署から指示があってもそれをのむ必要もない。ただし法律で許された範囲で依頼人の利益になるように——例えば税の控除などで——取り計らうのがいい税理士であります。

飯塚　ダン博士が言われることは分かります。しかし、ドイツ税理士法の五七条には、Gewissenhaftigkeit——良心あるいは誠実性——という言葉がありますね。これは公認会計士法の四三条にもあります。

この言葉をどう解釈するかによるのではありませんか。

ダン　確かに公認会計士法にも税理士法にも、ご指摘のように「良心に基づいて」とあります。これは全く文字通り理解して頂いてよいのです。

税理士法に「独立して」とあるのは、依頼人あるいは税務署の影響を受けてはならないということであります。一方、公認会計士法にある無党派性というのは、サッカーの審判のようにどちらのチームの応援もしてはいけない。するなら両方にする形でないといけない。即ちどちらにも属してはいけないということです。

例えば、株式会社の収支決算を公認会計士が監査する場合、会社と株主双方の利害を超越したところに立って監査しなければならない。そういう意味での無党派性が要求されるわけですが、税理士の場合はそれは必要ありません。

飯塚　ダン博士のご趣旨は分かりました。またいつか、この点を突き詰めてお話ししたいと思います。

税理士から公認会計士への道を開く

飯塚　さて、一昨年、セービガー博士の招待でドイツ国内を旅行した折り、西独公認会計士協会会長のシューレン博士が私を訪ねて来て意見を交換しました。その時、博士から「税理士を試験で公認会計士にする道を開いたが、税理士はあまりなりたがらない。日本ではどうだろうか」と尋ねられました。

博士の話では希望者は六ないし七パーセントということでしたが、日本で同様の試験が行われるならば、三〇パーセント以上が志望するでしょう。

セービガー ほう。日本も同じような試験をする見込みはあるのですか。

飯塚 いま商法改正の作業が進行中ですが、ヨーロッパの動向を睨んで有限責任会社の監査範囲を拡大しようとしており、それにともなう公認会計士の不足をどうするかが問題になっております。

作業を担当する法務省当局は会計調査人という曖昧な制度を新設することを考えていますが、私は、ドイツのように試験によって税理士を公認会計士にすることによって解決すべきだ。当局の案では在るべき監査の本質を崩すことになる、と法務省に考え直すよう助言しています。

セービガー 厳密をモットーとされる飯塚博士としてはそうでしょうね。ドイツの先例を参考にして頂いて光栄です。さっき申しましたように、あの試験制度はダン博士と私が中心になって推進しましたので特にそう思うわけです。

飯塚 そこで私としては、なぜ西独の税理士がそれほど公認会計士になりたがらないのか知りたいのですが。

セービガー　それには世俗的といいますか、お金に換算できる理由があります。新しい会計指令法によって、会社の会計関係の帳簿作成に関わったものは年一度の会計監査をすることができない。逆に会計監査をする人は会計関係の帳簿作成に関わることが出来ない。監査は年一回ですが会計関係の帳簿作成は年中ある仕事ですね。すると税理士のままでいる方がお金になる（笑）。

飯塚　新しいドイツ商法の第三一九条第二項第五号には、「会計帳簿の作成または財務書類の作成に従事したものは、その会社の監査はできない」とありますね。

しかし、その条文をよくよく読んでみると「über die Prüfungstätigkeit hinaus」、英語でいえば「beyond the level of auditing」つまり監査の水準を超えて関与した場合には監査をやってはいけない、となっています。

この三一九条を厳密に解釈すれば、税理士は両方やってもいい。そういうことになりますが……。

セービガー　飯塚博士はドイツの法律に精通しておられますが、いまの解釈には疑問があります。

ダン　確かに三一九条には「監査活動の範囲内で」というくだりがあります。これはその会社の簿記を行った人あるいは決算書を作った税理士、公認会計士が監査の際に一定の範囲で監査に関して助言することは認められていますし、事実そうしています。

だが、その場合も監査そのものはしてはいけないことになっています。なぜなら、自分がやった仕事を自分で監査することになりますから。

飯塚　折角のご教示ですが、いま申した通り私の解釈はそれと違います。

同じことをアメリカでは別の角度から規定しています。ＡＩＣＰＡ（アメリカ公認会計士協会）の倫理綱領の一〇一条によると、会計人は帳簿を作成しても財務決算書を作成しても、独立性と公正性を保持している限り、監査をしても良いとなっています。

ドイツの場合は、同じことが「監査の水準を超えて関与した場合には監査をしてはいけない」となっている。これを裏返せば、超えていなければ監査をしても良い。über であって auf でないことにご注意頂きたい。

ダン　飯塚博士がそういう風に誤解されるのも無理はない。というのは、一九七〇年代まではドイツもアメリカと同じようにやっていました。つまり、同じ人間が会社の帳簿を扱い、決算書を作り、かつ監査をすることが許されていました。

これが公認会計士の側から批判されました。つまり税理士が監査までやっていいのかというわけです。その結果、改正商法の三一九条で、仰言るように「会計監査の許された範囲内で助言しても良い」となった。つまり既得権は残されたのです。

しかし八六年の新しい法律（Bilanzrichtlinien-Gesetz）では、会計帳簿の作成と監査は別の人間でないといけない、と明確に規定しています。

飯塚　現実的処理として、法律の解釈と一応、分離した形をとっているならば、承服せざるを得ません。
私としては、さきほどの「über」のくだりがなお引っ掛かるのですが……。

ドイツ国民は付加価値税をすんなり

――私はドイツ語は分かりませんが、前置詞で白熱した議論を展開された模様で、先生方の厳密なご討論に感銘しております。この問題は日本の専門家にも興味のあるところと思いますが、決着は今後の楽しみとさせて頂けませんか(笑)。

飯塚 そうですね。双方の宿題ということにしましょう(笑)。

――締め括りに日本の目下の大問題である消費税について、もう一度ご意見をお聞かせ頂きたい。ドイツでは日本よりはるかに高率であるにもかかわらず、同じような付加価値税がすんなり通ったそうですが、なにか背景があったのでしょうか。

セービガー ドイツの場合は、飯塚博士が指摘されたように、一九一六年以来の取引高税の経験がありました。そのため、一九六八年に付加価値税を導入した時は、新しい間接税の導入というより、これまでの不公正な税制を改めるという意識が国民に強かった。そこであまり問題は起きなかったのです。

――なるほど。

ダン 現在は一四パーセントになっていますが、それも一パーセントずつ年月をかけて上げてきましたので、抵抗はありませんでした。

飯塚　来日したハンブルク大学のレードラー博士も、反対はなかったと言っていましたね。しかも一四パーセントという高率で、日本とは比較にならないほどなのに、これを受け入れる国民の意識の高さには、歴史というか、民族性を感じます。

セービガー　日本の消費税はドイツの付加価値税とちょっと内容が違うかもしれませんが、消費にかかる税金ですから、企業の投資活動にはかからないはずですね。これは日本のような工業国では国民経済の見地から非常に良いと思います。

また、一般市民の直接税、つまり所得税の比率を高くすると、消費を控えたり、あるいは働いても税金に取られるばかりで意味がないと、やる気をなくさせるでしょう。

総合的に見て、間接税に財源を求める方が良いと思いますね。

飯塚　そこでは完全に一致だ（笑）。

――率直なご討論、若干の難解さはありましたが、国境を越えた稀有な比較税法論議を有り難うございました。

＝対談【『バンガード』一九八三年七月号より】＝

国家安泰は健全なる納税制度に

国税庁長官　福田幸弘
TKC全国会会長　飯塚毅

税の申告と「宣誓」の精神

飯塚　五十八年五月十八日、衆議院大蔵委員会で、社会党の武藤山治議員の質問に対して、長官の答弁……。

福田　ああ、「なぜ脱税が起きるか」という質問……。

飯塚　長官は、「要素としては教育とかいろんなものがあるが、国民としての一体感の有無が問題だ」と答弁された。

私、あれを聞いていて、「はて、どこかで聞いたことがあるな」と考えていたら、長官のものされた『霞が関映画時評』のはじめの方に同じ趣旨のことが書かれていました。

福田　そう、あの本では、イタリア国民の納税意欲がなぜ低いか、の説明に。

武藤議員から急に聞かれたものですから、日ごろ頭にあったことが出たのでしょう。

飯塚　非常に幅の広い質問なので、困惑されるかと思いきや、スラスラと答弁されたので感心しました。

福田　あの日は、飯塚さんからもお話がございましたが。

飯塚　率直にお話したので、主税局の方にはこたえたかもしれません。

私は、スイスやイタリアの税法も調べたのですが、いずれも申告書があります。だから、賦課税ではありません。ただ、日本と違うのは、納税者が税額まで書かなくてもいいことになっていますね。

福田　賦課とか申告とか言っても、実際は同じことです。

飯塚　私は世界各国の申告書を集めているのです。その上で、ものを言っている。

福田　現物を見る必要がありますね。欄のところの注意書、あれが大事なんです。

飯塚　長官がこの前お書きになった論文でも、そう言っておられますよね。

福田　あれには、そこを写真版にして入れようかと考えたほどです。例えば、「詐欺罪にかけられることを承知のうえで」などと、注意書があるのですから。

飯塚　申告書の中身が、「不正申告の場合、私は裁判にかけられても結構です」などとなっている。そこのところは、日本税法にはないですね。

福田　詐欺の罪は、重罪なんです。日本ではゴム印を押して済ませているのがあるが、これはおかしい。向こうでは、デクラレーションということで、宣誓してサインすることは神に誓うことなんです。

飯塚　二十年ほど前のこと、世界会計士会議に出席するため、アメリカ大使館へビザを貰いに行ったのですが、係員から「ドゥユースウェア（Do you swear）?」とやられてびっくりしました。彼らのスウェアは違うんですね。

福田　片手は神に向かって挙げ、片手は聖書の上にです。税の申告も、それが基本にあります。

飯塚　ドイツの前の国税通則法の二〇九条二項には、「どうしても支払先を言えない場合は宣誓書を取れ」とありました。ところが日本の場合は……。

福田　宣誓する相手がいない。神がいないから。それに、宣誓しようにも自分の良心がない。

飯塚　そうです。八百万《やおよろず》の神だから（笑）。

福田　それだから申告納税が難しいのです。形だけになっている。それにもまして、国民としての一体感がないとだめなのです。そのことを武藤議員に答えたのです。

飯塚　じゅんじゅんと、やさしく説かれたが、その内容はいまのお話でも感じられるように、がっちりしていました。

福田　本当は、国民としての一体感は政治の問題だ、と言いたかったのです。

飯塚　そうでしょう。国会議員の問題ですね。それを大蔵省にかぶせるのは、議員の怠慢と言えますね。

福田　税法を決めるのは国会で、われわれはそれを執行する立場です。その辺をはっきりして頂きたいものですね。

「申告尊重」の方針は後戻りしない

飯塚　長官は就任されて以来、「申告尊重」の旗印を掲げられました。

ご存知のように、私たちＴＫＣ会員は、「調査省略申告是認」の体制実現をめざしておりますので、長官のご方針に初めから共鳴しています。

そこでこの際申し上げたいことは、その長官の方針が後戻りしないようにして頂きたいということです。

「長官が変われば方針は変わるよ」とみる向きもありましたから……。

福田　それははじめのころでしょう。

僕は、「最初はだまされてもいい」とまで、強調したのです。まず疑ってかかる、というのはよくありません。疑っていたらお互い信頼関係ができません。

飯塚　たしかに、だんだん変わって来ました。「長官があんなに真剣なんだから、もうダメだ」と（笑）。今は浸透しています。これを後退しないようにして頂きたいのです。

福田　行政の方針は、前に向かって進んでゆくものです。後に戻ることはあり得ません。
私はその方針を繰り返し述べたわけですが、このことは運営方針で明確にしています。運営方針というのが大事なんです。ただ口で言うだけでなく確実な文書にし、みんながそれを方針として踏襲してゆく。それが行政の継続性ということです。
自主的に申告して貰い、いいものは尊重する。このいい申告を尊重するということが、申告納税の原則からいって大事なんです。そして一方で、悪いのには厳正な査察を……。

飯塚　今のお話ですと、引き返せないレールをお敷きになったということで、長官は歴史的な仕事をされたことになります。

福田　やはり合理的ということは、だれが考えてもそれしかない、ということなんです。そこには個人的な動きが入る余地はありません。
外国でのやり方を知り、日本の将来も見通すとこうなる、という合理的な方向は、一つしかありません。それを明確にすればいいのです。
私が掲げた目標は、いずれ実現するでしょう。しかし、一挙にというのは難しい。

飯塚　そうでしょう。戦艦大和のようなもので……。

福田　その通りです。船の場合、「ゆきあし」というのですが、大きい船ほど動き出すのが大変ですが、しかし、動きだすと確実に「ゆきあし」という惰性がついて、あとはその力で進みますからね。

飯塚　大蔵省は戦艦大和、または米艦でいえばミッドウエーで……。

福田　人によってくるくる方向が変わると困りますしね。

飯塚　私はTKCの全国理事会で、一年に十万社ぐらいを調査省略申告是認にもってゆこうではないかと提案しました。若干時間がかかるにしても、大蔵省がやっておられる優良法人——これは全国で二万社弱だそうですが——と同じ数くらいは、私たちもやれるでしょう。

福田　時間がかかっても、着実にやってゆけばよいのですよ。

飯塚　それと、これは大蔵省に対して失礼な言い方ですが、大蔵省は職業会計人——税理士、公認会計士——に対して過保護ではないか、とおもわれます。職業会計人をもっと苛烈な競争裡に置く必要があるのではないでしょうか。そうすると、みんなもっと勉強するでしょう。

福田　専門家としての実力を高める必要は常にありましょうね。

飯塚　長官は、大蔵省で税理士法改正を手がけられた時、「独立」という文句を入れてくれました。これは大きなことです。

福田　税理士法は、だれも片づけてくれなかったので、私がやることになったのです。

　おっしゃるように「独立」に値する実力をたくわえて頂きたいですね。マアマアではすまさないで。「実力」あっての「独立」ですからね。専門的知識で渡り合わねばいけないのです。

飯塚　執行面の総司令官としては、条文の問題よりは、実際面がより大事なんでしょうね。

福田　法律と執行が離れるといけません。

執行にたずさわったこの一年間で、税の法律をやっていた十年間に考えていたことを、全部ぶちまけました。次ぎ次ぎに新しいアイディアを打ち出しましたが、あとはこれを定着させることです。

飯塚　なるほど。要するに、ただ税金を取ればいい、というのではなく合理的でなければ……。

福田　最近は庁内が引き締まり、やり甲斐がでてきているようにお見受けします。私は理想を掲げたわけです。いい申告書を作って貰い、それを尊重するという……。

税務もコンピュータ時代へ

飯塚　話の方向がちょっと変わりますが、ドイツ法制と日本の法制とを比べた時、日本はこんなにコンピュータが発達しているのに、コンピュータと税務に関する法律が全くないのはおかしいというか、当局の怠慢だと思うのですが、いかがですか。

福田　これからはコンピュータを抜きにした行政はあり得ない、と思います。行政自体をコンピュータ化すると同時に、コンピュータ時代に合わせた仕事をしていかないと。それで、今年から四年計画で、全署をオンラインにします。そしてこれからは、税制もコンピュータを前提にしたものになるでしょう。今のような手作業でやっているとどうしようもなく、遅れてしまいますからね。

飯塚　西ドイツで長年、主税局長をしていたカール・コッホという人は、先だって差し上げた『ドイツ税法学辞典』に、「税務行政の自動化」という論文を書いています。仲々しっかりしたものです。

福田　それは参考になるでしょうね。

今年は国税庁にとっても画期的な年でした。本式に機械化をやりはじめたからです。その予算も、五十億円から百億円へ、二倍になりました。これはグリーンカードの予算を転用したからです。これは私のやらねばならなかったグリーンカードの後始末でした。

また会社や職業会計人がコンピュータ化しているのを理解し消化できるよう、庁内で勉強させています。

飯塚　もっともっと多くの部下の方々を、TKCへ調べに寄越して下さい。

私は、税理士であり公認会計士ですから、その角度からシステムはこうあるべきだという方針を示し、それに基づいてシステム開発研究所がシステム化しております。

福田　国税庁としても、事務の機械化と同時に、調査対象での機械化会計のやり方、ノウハウを知り、また吸収する必要があります。

そして、これに対応したわれわれのマニュアルを作る必要があります。相手が機械化しているのに、こちらが対応していないと、調べようがありませんから。

コンピュータ化すれば、ごまかしようがないから、合理的な納税が強化されるでしょう。もっともこれは、インプットとソフトウェアが正しいとしての話ですが。

会計の基本への背反は認められない

飯塚 実はそのご心配になることが、もう既に起こっているのです。

融資を受けるために銀行に出す帳簿は、バランスのとれたものにし、税務署に見せる帳簿では赤字にする——そんな会計数字を改ざんすることができる機械を中小のオフコンメーカーが盛んに売り出しているのです。

福田 それは困った問題です。急いで対策を考えなければ……。記録が後でやり直せるというやり方は、会計の基本に反するわけで、認められません。そういう機械を使っている会社は、脱税の意図ありということで、重点的に調べる必要があるし、その機械を作っているメーカーに警告することを考えねば……。

——フランスでもコンピュータの脱税プログラムが摘発されています。

飯塚 アメリカでコンピュータ会計の法規命令が最初にできたのは一九六四年、二十年以上も前のことです。僅か五カ条の簡単なものですがね。

ドイツには、コンピュータ関係の文献が多過ぎるくらいで、私のところにも三十種類くらいありますが、一番優れていると思うのは、ブレーネ、パーバンドの共編でできた『エー・デー・フェー・レヒト（電算機に関する法）』という、三巻の厚い本です。これをみると、連邦法だけで四十以上もあります。さらにこれには、連邦法や各州の法規のほかに、各国の関係法規も収録していますし、データ保護法等も入っています。

また、さすがにドイツだなと思うのは国税通則法の一五〇条六項で「コンピュータ会計に関しては、大蔵大臣は法規命令を制定する権限あり」と規定していることです。

福田 それはいい話です。国税庁でもその文献を備えるよう話しておきましょう。

飯塚 コンピュータ会計を規制するために、ドイツの法規をキャッチアップする必要がありますね。法律という面では、やはりドイツががっちりしています。

われわれはコンピューター化が遅れた反面、よそのことを参考にできるという利点があるわけです。転換期で、これからやることはいくらでもあるが、自分で考えるのは時間的にも制約がありますから、こういう経験をした、というのを参考にし、利用する姿勢でやった方がいいですね。

——国税庁もコンピュータ化でかなり能率アップになるでしょうね。

福田 それと、考え方の近代化が進み、職場も明るくなるでしょう。単純労働は機械に任せるべきです。役人もじっとしていると硬直化して、使いものにならなくなります。

映画から教えられるもの

飯塚 もう一度、『霞が関映画時評』に戻りますが、あのご本は、旧海軍士官としての経験をもとに書かれた『連合艦隊』とともに、長官の二大傑作ですよね。

城山三郎さんも推薦文で「せまい映画批評でなく、原作や背景まで目くばりのよくきいた好著」とほめていますが、全くその通りです。

突っ込みが深いので、一度に読んでしまうのが惜しくて、ゆっくりと味読しております。

福田 ノンフィクションの城山さんや吉村昭さんとは、何か気が合うのです。

あの映画はいい、そういう同じ考えの人がいると思うと、心強くなります。

この間「評決」という評判のアメリカ映画を観にゆきました。あれは陪審制度についての知識がないと、よくわからない映画です。

飯塚 日本にはない制度ですから……。

福田 実は日本でもあるのですが、ちょっとやってみたがうまくゆかなかったので、法律はあるけれども実施が延期されているのです。

向こうの映画では、検事と弁護士がこもごも陪審員に語りかけますね。陪審員にわかり易いように語りかけるから、筋がよくわかるし、面白い。

――日本は裁判長に語りかけますよね。

飯塚 評決――ヴァーディクト制度というのはアングロサクソン独特のものですね。

福田 英米法です。十二人の陪審員の全員一致でないといけないのです。フランスの陪審員は七人で、これは多数決です。しかし多数決はあぶない。

大分前「十二人の怒れる男」という映画がありました。これは陪審員の意見が変わっていって、最後に別の結論を持ち出すというストーリーでした。

最近、アメリカのＩＲＳ（内国歳入庁）の人がきて、食事の時、そうした映画が話題になったのですが、向こうでは租税裁判も陪審制度なんですね。

そこで陪審員に語りかけるのは、難しいそうです。税法はやはり専門的だし、税に対する反感もある。しかし、「正しく納税している人が多いから、結局は説得できる」と言っていました。

とにかく、向こうではやり方が民主的です。国民にわかるようにやっているから。

飯塚　同感です。

前にＪ・Ｂ・アンダーソンというアメリカ人弁護士の税法顧問をやっていた時、東京国税局に行ったら、「われわれはアンダーソン弁護士の良質性を信頼している。あの人は実に良心的な申告書を出す」と言ってました。アメリカの教養ある階層の人たちは、そうなんですね。

福田　サインした申告書の重みですね。不正をして、それが発覚した時の社会的な葬られ方はきびしいものです。

飯塚　そうですね。だから私は、日本でも罰則規定をつくれ、と強調しているのです。脱税した人を刑務所に入れるのが目的ではなく、正しい申告の担保措置として。

福田　さっきも話に出てきたような「宣誓」という社会的基盤がないので、残念ながらそうしたことになるのですかね。

アメリカのレーガン大統領の財政再建法案――もう議会を通過していますが――では、不正な申告を援助した人、要するに税理士などへの罰則を強化しています。

執行面でも、「税理士審査計画」——タックス・レターン・プリペアラーズ・プログラムというのがあり、申告書作成に問題のある税理士は重点的に調査対象になるのです。マークされた税理士と関与先が一括して調査されます。相当にきびしいものです。

コンプライアンス・サービスということで、納税者が法律を守って申告することを当局は援助する。それが徴税側の仕事の性格ですから、それを阻害するのはいけない、という趣旨です。

飯塚　なるほど。レーガン大統領も、やっと気がついたんですね。

フランス法制にも、同じようなものがあります。その国税通則法の一七四五条です。

福田　税理士に一番ゆるいのは日本のようですね。これは一番遅れているようです。だから、プロフェッショナルとしての社会的な尊敬が伴わないと言えます。日本の税理士は専門家として、もっと知識を高め責任を自覚する必要があります。税務署の先輩の税理士が、マアマアということで税務署の担当官と話をつけるやり方はよくない。

「プロフェッショナル」のきびしさ

福田　もうひとつ、映画の話ですが、最近「東京裁判」を観ました。さきほどの陪審制度との関連で言えば、あの裁判は英米法では成り立ちませんね。陪審員が参加していないのですから。

印象的だったのは、あのブレークニーという弁護士が徹底的に弁護するところです。向こうの法廷のやり方通りに。今までの敵国人を、被告として弁護する。その一点に徹しています。

飯塚　彼らはケース・メソッドできたえられていますからね。専門家――プロフェッショナル――は、あれほど烈しくやらなければならないのですね。

プロフェッショナルと言えば、われわれ職業会計人も、あのようにきびしくなければいけないですね。

福田　事実関係を踏まえ、法律的、理論的に渡り合うということでないと――。

飯塚　それを言い出したのは福田さんからじゃないですか。長官は、税務行政で、戦艦大和の方向をじわじわと変えるような仕事をやっておられる。

福田　しかし、時間がかかりますね。

企業の調査をすると、会社の人から恨み言を言われることがありますが、僕はそういう時は、「監査料を払ったと思ってほしい。公認会計士でも、こんなに厳しくみるところはない。部長連中がいい加減にやっていても、社長にはわからない。そこを洗いざらい調べて貰って、期間計算的な税金を追加で取られても、監査料と思えば安いものだ」と（笑）。

飯塚　その通りです。

福田　若い時、脱税事件を担当したことがありますが、そこできちんと見直すと、その会社は伸びますね。いい加減な経理で税金をごまかすような会社は伸びません。

飯塚　そしてやがて査察官に感謝するようになる。そこが面白い。

福田　昔、大阪で調査官をやっていた時、「特調」をやりました。向こうは、「これで自分は終わりだ」と思ったそうですが、その後、見事に発展して、そこの社長とは今でもおつきあいしています。今では一流の会社です。

逆にいい加減なことをやると、なめられ、馬鹿にされます。

――野次馬的な表現で失礼ですが、税金は社会現象としてみれば面白いものですね。

福田　税金は社会現象である以上に政治そのものですよ。金を取って、国をやっていくわけですから。

そして、その裏は経済そのものなんです。経済実体と向き合っています。これはなくなられた池田さん（元首相）の言葉です。会計技術だけの問題ではありませんね。

税金をわかりやすくしたい

飯塚　国税庁長官を前にして失礼ですが、日本の税制にも、直すべきところがいろいろありますね。

福田　そこで税の執行にてらして、今後率直に直すべきところは直すべきです。それに税法を国民に分かりやすくする必要があります。法律的に難しければ、やさしく当局が解説する親切さと努力が必要です。

これまで国税庁で出していた『わたしたちの税金』という小冊子ですが、よく知られていない。

またそれを読んでもよくわからないし、これを学校などにただでやっていた。だからかえって読まれない。だから今度は全部書き直して値段をつけて出すことにしました。

いろんな方法で税金をわかり易くすることが大事です。難しい法律をつくって、読まれずに分からないまま、取るものは取るというのではね。

それと、仕事のやり方としては、アメリカのように合理的なのが好きですね。外国の映画を見ていると、その点、参考になります。法律があっても最後には「合理的」――リーズナブル――な判断です。そこでは人間の識見が問題になります。

飯塚　アメリカの内国歳入法の一六二条には、「経費がリーズナブルであるか」云々とあります。カナダの所得税法にもあります。

福田　アメリカ、イギリスでは法律によく出てきますね。そしてその内容は判例によって確定されてゆくのです。

異議がある時はマアマアではなく、訴訟にかけても争うという姿勢が大事ですね。不服審査もあるし、訴訟もあるのだから、話が合わなければ争えばいいのです。そして裁決や判例を多くして法律のすき間をうめてゆく必要がある。これが英米のやり方です。

そのためには、ただ修正ということではなく、正面から更正を受けることを避けてはならないのではないか…と思いますね。それに、不服審査や訴訟に時間がかかっては、本当の救済になりません。

それと、今の法ではそうなっていませんが、不服審判では税理士さんが代理人になるべきです。

飯塚 ドイツではそうなっています。

福田 専門家は、争う時に実力が発揮できるのですからね。税理士法改正の時、そこをはっきりさせておくべきでした。

飯塚 税理士法人がないのも問題です。

福田 法律的には、代理行為は個人なので、税理士法改正の時も個人単位になってしまったのです。法人化の問題は検討するという付帯決議はありますし、今後の重要な問題だと思います。

——向こうではパートナーシップでやっているのですかね。

飯塚 英米ではそうですね。

福田 日本も監査法人はつくっていますね。

飯塚 しかし、公認会計士法一条三項で、監査業務以外はできないことになっています。これは、条約違反なんです。

——アメリカの会計事務所は、お互いに監査し合うのだそうですね。

飯塚 その点、実に公明正大だ。

福田 日本では監査制度がなかなか定着しませんね。公認会計士にしろ、本当にオーデットするという認識がないでしょう。

——犯人が裁判官を自分で雇ってくる、みたいになっていますからね。

福田　株式会社といっても、株主総会は形だけ。時間がかかっても同じことです。向こうでは株主のために監査するわけだから、いい加減ではやれないんです。日本はまだ資本主義じゃない。

飯塚　アメリカの会計士に適用されているプロフェッショナルスタンダード（専門家としての行動基準）は、数千ページありますが、ものすごくきびしいんですよ。あれがないと、社会的な信頼感、権威が生まれませんね。

福田　それに内国歳入法も、きびしく税理士に対応している。だからこそ地位が高い。

飯塚　地位が高いから、収入も高い。

福田　それはそうと、最近ジャーナリズムで税金関係の議論がふえてきましたね。仕掛人はここにもおられるようですが（笑）、議論するのは、いいことですよ。「減税を！」と言っても、税の基本のところが皆にわかっていませんとね。

日本は革命がなかったので、税金についての意識が浅いのではないでしょうか。アメリカの独立戦争にしても、英本国に対する税金の不満が発端でした。イギリス、フランスでの革命も税金からです。それがあるから税金に対する考え方がきびしく、ものすごく違っています。

日本では、税金は民主主義の基本としてではなく、次元の低いゼニコの話になってしまっています。

飯塚　そう、日本は「マグナカルタ」（英国中世の「大憲章」）にいう、ノータックス・ノーリプリゼンタティブの伝統がない。

福田　今の臨調の行政カットも、背景は税金でなければならないですね。

――その臨調の方針とは逆行するようですが、国税庁は省にすべきだと思います。

福田　カナダはそうですね。しかし、昇格しても人や予算がふえなければ意味がありません。ふやして貰えれば、国家の収入もふえますし、何よりも、不公正を直すことができます。

飯塚　きょうは、国税庁長官の、稀有なる有益なお話、有り難うございました。

著者　飯塚　毅（いいづか・たけし）
株式会社TKC創業者
TKC全国会初代会長
平成16年11月没

著書
「電算機利用による会計事務所の合理化」（TKC）
「飯塚毅会計事務所の管理文書」（TKC）
飯塚毅著作集 1 「会計人の原点」（TKC出版）
飯塚毅著作集 2 「激流に遡る」（TKC出版）
「正規の簿記の諸原則」（森山書店）
飯塚毅著作集 3 「逆運に溯る」（TKC出版）
飯塚毅著作集 4 「一職業会計人の悩み」（TKC出版）
飯塚毅著作集 5 「物凄く伸びる会計人」（TKC出版）
飯塚毅対談集「自利とは利他をいう」1, 2, 3
「経営と税制－どうあるべきか」（PHP研究所）
「ホルスト・ゲーレ博士著／ドイツ税理士法解説」（全訳）（第一法規出版）
「Der Grundsaetze ordnungsmaessiger Buchfuehrung in Japan und in der Bunderepublik Deutschland」（独語版・日独における正規の簿記の諸原則）
「Comparative Tax Jurisprudence Germany and Japan」（英語版・日独における正規の簿記の諸原則）（NEW YORK UNIVERSITY PRESS）
「自己探求－本当の貴方はどれですか－」（TKC出版）
「職業会計人の使命と責任」（TKC出版）
「職業会計人の行動指針」（TKC出版）
「THE QUEST FOR SELF Zen in Business and Life」（自己探求・英語版）（NEW YORK UNIVERSITY PRESS）
「TKC会計人の原点」（TKC出版）
「この人生をいかに生きるか－私の人生論－」（TKC出版）
「説得力－東西の叡智を語る－」（TKC出版）

職業会計人の使命と責任

2006年9月19日 第1版第1刷　定価 1,320円（本体1,200円＋税10%）
2022年2月14日 第1版第8刷

著　者　飯　塚　　毅
発行所　株式会社TKC出版
〒162-0825 東京都新宿区神楽坂2-17
中央ビル2F　TEL03(3268)0561
印刷・製本　株式会社 T L P
装　丁　吉 田 陽 生

ISBN978-4-924947-58-0